5차원 연애

5차원 연애

초 판 1쇄 2023년 09월 20일

지은이 이훈만
펴낸이 류종렬

펴낸곳 미다스북스
본부장 임종익
편집장 이다경
책임진행 김가영, 신은서, 박유진, 윤가희, 정보미

등록 2001년 3월 21일 제2001-000040호
주소 서울시 마포구 양화로 133 서교타워 711호
전화 02) 322-7802~3
팩스 02) 6007-1845
블로그 http://blog.naver.com/midasbooks
전자주소 midasbooks@hanmail.net
페이스북 https://www.facebook.com/midasbooks425
인스타그램 https://www.instagram/midasbooks

© 이훈만, 미다스북스 2023, *Printed in Korea*.

ISBN 979-11-6910-332-9 03190

값 18,500원

미다스북스는 다음세대에게 필요한 지혜와 교양을 생각합니다.

이훈만 지음

남자는 개, 여자는 고양이, 연애의 알고리즘

5차원 연애

미다스북스

5차원의 연애를 완성하여
행복을 완성시키다

흔히 우리가 살아가는 세계를 3차원의 세계라 표현한다. 그리고 3차원의 세계가 시간이라는 직선의 흐름과 이어질 때 이것을 가리켜 4차원의 세계라 표현한다. 아마도 4차원의 세계에서 바라본 3차원의 세계는 시간의 흐름에 따라 과거, 현재, 미래의 방향으로 움직이고 있을 것이다.

그렇다면 이 4차원의 세계보다 더 고차원인 5차원의 세계에서 4차원의 세계를 바라본다면 어떤 모습일까? 아마도 과거, 현재, 미래의 시간의 흐름이 한 공간에 존재하며 한눈에 보이는 형태가 될 것이다.

게다가 이 5차원의 세계엔 '가능성'으로 존재하는 여러 가지 모습 역시 공존할 것이다.

이를테면 현재의 나의 모습은 과거에 선택한 여러 가지 결정이 모여 만들어진 현실일 것이다.

예를 들어 A대학에 A학과에 진학했던 그러한 선택들 말이다. 그런데 여기서 만약 과거의 내가 A대학의 B학과에 진학했다면 어땠을까?

아니 애초에 A대학이 아니라 B대학에 진학했다면 어땠을까?

아니 어쩌면 국내 대학이 아닌 해외의 C대학에 진학했다면 어땠을까?

아니 애초에 대학에 진학하지 않고 취업 전선에 바로 뛰어들었다면 어땠을까….

이처럼 5차원의 세계에는 이런 '가능성'의 영역들이 한 공간에 존재하고 있을 것이다. 마치 어벤져스의 닥터 스트레인지가 모든 가능성의 영역을 훑어보는 것처럼 말이다.

내가 처음 '5차원'이라는 개념을 접하게 된 것은 영화 〈인터스텔라〉를 보면서였다.

인류를 구하기 위해 우주로 떠난 쿠퍼는 결국 위기의 순간에 처하게 된다. 블랙홀에 빨려 들어가 우주의 먼지가 될 위기에 처한 쿠퍼. 하지만 그 순간, 고차원의 존재는 예외적으로 쿠퍼를 5차원의 공간으로 초대한다.

그리고 5차원의 세계에 진입한 쿠퍼는 그 안에서 여러 정보가 복합적으로 모여 있는 모습을 보게 된다. 이 5차원의 세계 안에서는 시간이라는 개념도 없을 뿐더러 과거, 현재, 미래의 모든 정보가 복합적으로 모여 있는, 그야말로 상식의 차원에서 이해할 수 없는 고차원의 공간 그 자체였다. 그리고 그곳에서 쿠퍼는 과거 어린 딸 머피의 모습을 보게 된다.

쿠퍼는 필사적으로 머피에게 메시지를 전하고자 한다. 하지만 차원 너머에 존재하는 머피에게 그의 목소리가 닿을 리 없었다.

쿠퍼는 어떻게든 어린 머피에게 자신의 메시지를 전하고자 움직였다. 그리고 극적으로 쿠퍼의 메시지는 차원 너머의 딸에게 전해지게 된다.

내가 처음 이 장면을 보았을 때 나는 이것이 그저 판타지적인 표현 중 하나라고만 생각했다. 이 안에 감독이 전하고자 했던 심오한 메시지를 그 당시엔 전혀 인지하지 못했다.

하지만 2021년 12월 31일. 나는 기적적으로 이 5차원의 가능성을 깨달을 만한 사건과 마주하게 된다. 단 한 명의 귀인으로 인해 마주한 사건이었고, 나는 그 귀인을 통해 세상의 진리를 깨닫게 되었다.

그 사건으로 인해 나는 내게 일어나는 모든 현상이 우연을 가장한 필연임을 깨달았다. 흔히 일상을 살아가며 겪게 되는, 정말 사소하다고 판단되는 여러 가지 상황도 결코 그냥 스쳐 지나가는 것이 아님을 깨닫게 되었다.

예를 들어 지나가다 문득 바라본 문구가 생각지도 못한 아이디어로 다가와 커다란 영감을 주게 되는 경험을 여러분도 1번쯤은 경험해보았을 것이다. 게다가 우연히 읽게 된 책 한 권으로 인해 자신의 인생이 송두리째 변화되었다고 간증하는 사람도 유튜브를 통해 본 적 있다.

나는 이 5차원의 가능성을 깨닫게 된 덕분에 이 모든 사건이 우연이 아님을 깨닫게 되었다. 우연을 가장한 운명. 나를 너무나도 사랑하는 고차원의 '존재'가 내게 주는 메시지.

그리고 이 고차원의 존재는 우리가 흔히 알고 있는 종교적인 것이 아니었다. 그러니까 그 존재의 정체는 단순히 '신'이라 불리는 어떠한 절대적인 존재가 아니라는 것이다. 게다가 제삼자의 누군가도 절대 아니었다.(나는 이 세상 모든 사이비 종교를 거부한다)

내가 깨달은 그 존재의 정체는 다른 누구도 아닌 '나' 자신이었다. '나'라는 존재는 '나를' 너무나도 사랑하기에 내가 원하는 방향대로 내 삶이 움직일 수 있도록 매 순간 길을 제시한다. 마치 영화 〈인터스텔라〉에서 쿠퍼가 어린 딸에게 기필코 자신의 메시지를 전하고자 했던 것처럼 말이다.

돌이켜보면 나의 학창 시절엔 한 가지 결핍이 있었다. 바로 '행복한 가정'을 갖고 싶다는 결핍. 나는 아직까지도 그 흔한 가족사진 한 장이 없다. 그만큼 10대 어린 시절의 나는 '행복한 가정'에 대한 결핍으로 인해 많이 아팠고 그로 인해 내가 꾸릴 가정은 반드시 '행복한 가정'으로 만들겠다는 굳은 다짐이 내 안에 각인되었다. 그리고 그렇게 내 삶의 방향이 각인된 순간부터 '나'라는 존재는 기꺼이 나에게 그 길을 제시해주었다.

첫 연애가 그렇게 허무하게 끝나버렸던 것도, 그리고 20대 초반의 연애가 그렇게 고통이었던 것도, 모두 '나'라는 존재가 내게 전하고자 했던 메시지였다. 게다가 허무하리만치 가볍게 스쳐 지나간 모든 인연 속에서도 '나'라는 존재는 계속해서 내게 메시지를 전하고자 했다.

그리고 그렇게 30대가 된 현재, 나는 10대 학창 시절의 결핍 대부분을 치유해가고 있다. 지금 내 눈앞에는 그 시절의 내가 그토록 바라던 행복한 가정의 모습이 대부분 실현되어 있다.

가끔은 이 현실이 정말 내 것이 맞는지 의심이 되는 순간도 있다. 하지만 그런 생각이 드는 때일수록 더 확신하게 된다. 내 앞에 펼쳐진 이 모든 순간은 내 것이 분명하다는 것을 말이다.

이처럼 내 현실이 내가 원하는 방향대로 변화될 수 있었던 이유는 이 고차원의 존재를 인식하기 시작한 순간부터인 것 같다. 그리고 내게 이 5차원의 존재가 있었던 것처럼 이 세상 모든 사람들 역시 마찬가지로 5차원의 존재는 존재한다. 그리고 여러분에게도 마찬가지로 존재한다. **여러분을 너무나 사랑하는 5차원의 존재는 지금 이 순간에도 여러분에게 메시지를 전하고자 움직이고 있다.**

그리고 이 5차원의 존재가 여러분에게 메시지를 전하는 방법은 아주 다양하다. 우연이나 사소한 것에서부터 일생일대의 사건 사고와 같이 아주 다양한 형태로 내게 다가온다. 그렇기에 일상의 모든 순간은 '나'라는 고차원의 존재가 '내게' 전하는 삶의 방향성이자 메시지이다. 그리고 우연을 가장한 운명이다.

어쩌면 이 책을 우연히 집어든 것 역시 우연을 가장한 운명일 수 있다.

1) 항상 반복되는 고통스러운 연애로 인해 아파하고 있다면 그것은 분명 5차원의 존재가 당신이 더 행복할 수 있는 길을 제시하기 위해 만든

'과정'일 것이다.

2) 이별한 아픔으로 인해 이 책을 집어 들었다면 그것도 분명 당신이 더 행복할 수 있는 길을 제시하기 위해 만든 '과정'일 것이다.

3) 권태로운 관계로 인해 하루하루가 원망스럽다면 그것도 분명 당신이 더 행복할 수 있는 길을 제시하기 위해 만든 '과정'일 것이다.

모든 순간은 어쩌면 고차원의 존재가 내게 주는 방향성이자 '과정'이다. 그리고 이 과정을 극복해내기 위해 반드시 선행되어야 할 '필연'은 '5차원의 존재'의 의도를 파악하는 것이다. 즉 모든 상황에서 5차원의 존재가 주고자 하는 이 메시지를 깨닫도록 생각 회로를 움직여야 한다는 것이다.

나 역시 이러한 '과정'이 분명 있었고 한때는 사랑받을 자격이 없는 사람이라 생각했던 적도 있었다. 하지만 아이러니하게 지금은 이 '사랑'을 전파하는 사명을 갖고 살아가고 있다.

이 책도 마찬가지이다. 이 책은 당신을 누구보다도 아끼고 사랑하는 '여러분'의 고차원적 존재가 당신에게 주는 메시지의 일부일 수 있다.

나의 연애가 이처럼 5차원의 깨달음을 통해 완성된 것처럼 여러분의 관계 역시 여러분의 바람대로 실현되길 바라면서 이 책에 메시지를 기록했다. 그리고 나는 이 5차원의 깨달음을 통해 완성된 연애를 가리켜 **5차원 연애**라 표현하고자 한다.

이 책을 시작하기에 앞서 여러분에게 한 가지 묻고 싶다.

"여러분이 지금보다 더 행복해질 수 있을 것이라 믿는가?"

여러분이 믿음으로 이 책의 메시지를 받아들일 때 이 책의 메시지는 여러분의 삶을 변화시켜줄 것이다. 왜냐면 여러분 스스로가 자신의 '가능성'을 믿을 때 5차원의 존재는 여러분이 변화될 수 있는 그 길을 기꺼이 제시해주고자 할 것이기 때문이다.

이 질문에 'Yes'라는 답을 내렸다면 여러분의 변화는 이미 시작되었을 것이다.

5차원의 연애를 완성하여 행복을 완성시키다

CHAPTER 1.

01. 남자는 개 여자는 고양이
02. 여자는 사랑받고 싶은 동물이다
03. 남자는 칭찬받고 싶은 동물이다
04. 10%의 여자가 남자의 영웅심리를 이용하는 방법
05. 여러분이 바라는 행복한 관계의 모습은 어떤 모습인가?
06. 대중이 믿고 있는 사랑의 환상에 대하여

CHAPTER 2.

07. 상처받는 연애의 알고리즘
08. 연애 시스템 만들기
09. 사랑의 유통기한 2년 vs 21년, 당신의 선택은?
10. 권태기의 역할
11. 결혼 = 5차원의 연애

CHAPTER 3.

12. 감정이 건강한 상대를 만나야 하는 이유
13. 감정의 트라이앵글 이론(감정의 오류)
14. 잘 싸울 수 있으면 연애가 행복하다
15. 독자에게 전하는 제안 한 가지
16. 연애하면 안 되는 사람

CHAPTER 4.

17. 남녀 관계에 가능성을 싹틔우는 방법
18. 메타인지: 행복한 관계를 위한 1%의 특별한 방법
19. 기버이론: 상대방이 필요한 사랑을 주어라
20. 5차원 연애로 0차원에 접근하는 방법(남자 + 여자 = 1)
21. 강아지와 고양이가 완성한 5차원 연애

5차원 연애를 넘어 0차원의 관계로

이 책을 읽기 전에

99%의 남녀가 입을 모아 말하는 공통의 이상형

27세쯤이었다. 동 나이대의 남녀 친구들부터 이제 막 30세 된 형들까지, 함께 아르바이트하던 옛 동료들과 오랜만에 만나 술자리를 즐기고 있었다. 20세 초 어린 시기에 만난 우리는 어느새 20대 후반의 시기를 향해가고 있었고 그동안 서로 어떻게 살아왔는지 자신의 근황을 나누며 그 자리를 즐기고 있었다.

그렇게 술자리가 무르익어 갈 때쯤 대화의 방향은 점점 이성에 초점이 맞춰지기 시작했다. 그리고 그 자리에 있던 남녀 모두는 입을 모아 자신의 이상형을 말하기 시작했다.

처음 이상형을 주제로 대화가 시작되었을 때는 이성의 외적인 모습에 초점이 집중되어 있었다. 하지만 대화가 무르익어 갈수록 점점 성격에 초점이 맞춰지더니 마지막엔 결국 한 가지의 공통된 이상형으로 초점이 맞춰지게 되었다.

"다 필요 없고 말이 통하는 사람이 최고야. 얼굴 잘생기고 예쁜 것보다 그냥 말이 통하는 사람을 만나고 싶어. 그런데 그게 진짜 어려운 것 같더라."

남자와 여자, 성별을 불문하고 모두가 하나 같이 입을 모아 이야기한 한 가지 공통의 이상형이 바로 말이 통하는 사람이었다. 처음 이 공통의 이상형이 언급된 순간 그 자리에 있던 모두는 격하게 공감하며 고개를 끄덕였다. 자신의 이전 연애를 돌아보면서 말이다.

이 에피소드는 어쩌면 단순히 재밌었던 술자리의 추억 중 하나였을 수 있다. 하지만 시간이 흘러 30대가 되고 남녀 관계에 대해 더 깊은 이해를 추구하기 시작하면서 이 에피소드는 나에게 거대한 영감을 주는 촉매가 되었다.

20대 초반까지의 나의 연애를 돌아보면 한마디로 '고통'이었다. 자존심이 상하기도 했고 도대체 나는 왜 안 되는 것이냐며 한탄한 적도 있었다. 하지만 지금 30대에 나의 연애는, 아니 연애라고 표현하기보다 나의 남녀 관계는 '행복'이 되었다.

나의 남녀 관계가 '고통'에서 '행복'으로 변화되기까지 약 10년이라는 시간이 걸린 것 같다. 그리고 이렇게 변화될 수 있었던 결정적인 이유는 남녀 관계의 핵심을 이해하기 시작하면서부터였다. 그리고 그 핵심은 바로 '다름을 인정하는 것'이었다.

나는 이 '다름'을 이렇게 정의한다.
'남자와 여자는 기본적으로 말이 통하지 않는다.'라고 말이다.

대한민국, 아니 더 넓게 전 세계로 놓고 보았을 때도 우리는 언어라는 매개체를 통해 대화를 나누고 서로 소통한다. 그렇기에 남자와 여자는 문제없이 말이 통하는 것처럼 보이기도 한다. 하지만 남자와 여자는 삶을 살아가면서 궁극적으로 추구하는 삶의 본질이 다르다. 그렇기에 같은 말을 전한다고 하더라도 그 속에 담긴 의미는 180도로 다르다.

그리고 이 '다름'에서부터 남녀 관계의 모든 갈등은 시작된다.

예를 들어서 여자는 사랑받고 싶어 하는 동물이다. 여자는 언어를 통해 상대방과 감정을 나누고 공감대를 형성하여 유대감을 표현하고 싶어 한다. 그렇게 공감대를 형성하고 싶다는 목적으로 여자는 언어를 사용하는 것이다.

하지만 남자는 칭찬받고 싶어 하는 동물이다. 그리고 그것을 위해 언어를 사용한다. 남자에게 있어 칭찬받고자 하는 본능이 중요한 이유는 딱 한 가지다. 남자는 능력을 인정받을 때 비로소 살아 있음을 느끼기 때문이다.

이것은 남자에게 있어 어쩌면 섹스보다도 더 강력한 본능 그 자체이다. 그렇기에 남자에게 이 본능을 채워줄 수 있는 누군가가 있다면 남자는 자신의 인생을 바쳐 평생 깊은 사랑과 헌신을 표현하고자 할 것이다. 왜냐면 그것이 남자의 본능 그 자체니까 말이다.

하지만 여자는 남자의 이러한 본능을 이해하지 못한다. 아니 알지 못한다는 표현이 더 알맞은 표현이겠다.

예를 들어 여자가 남자에게 푸념을 늘어놓는 상황이라고 가정해보자.

여자는 자신의 감정을 남자에게 공감받고 싶어서 대화를 신청하는 것이지만 남자는 여자의 이러한 마음에 공감하지 못한다. 오히려 여자와의 대화 속에서 끊임없이 자신의 가치를 어떻게 인정받을 수 있는지 고민한다. 애초에 그쪽으로 본능이 작동하면서 생각 회로가 움직이는 것이다. 그렇기에 남자는 여자와의 대화 속에서 계속 지적하고 잘잘못을 따지며 해결책을 제시하고자 노력한다.

또 만약에 여자가 크게 부정적인 감정을 토해내는 상황이라면 남자는 상당히 곤란해한다. 왜냐면 여자의 그 부정의 감정이 나 때문이라고 생각하기 때문이다. 내 능력이 부족해서 여자가 이런 곤란한 상황을 겪고 있다고 생각하는 것이다.

하지만 여자는 남자를 탓할 마음이 없다. 그저 자기 자신의 감정을 이해해달라고, 그저 공감해달라며 남자에게 대화를 신청한 것뿐이다.

하지만 남자는 이를 '내 능력이 부족해서'라고 생각하면서 남녀 관계의 갈등은 시작된다.

여자는 남자를 사랑하고 의지하기에 자신의 감정을 표현한 것인데, 그리고 남자 역시 여자를 너무나 사랑하기에 그 문제를 해결해주고자 본능이 작동된 것뿐인데.

그러니까 남자와 여자 두 사람 모두 서로를 너무나 사랑하기에 그렇게 사랑을 표현한 것뿐인데, 그 마음이 서로를 향한 칼날이 되어 서로를 할퀴고 물어뜯고 결국엔 그토록 질겼던 인연의 끈마저 끊어 낼 수밖에 없는 상황까지 맞이하게 된다.

다시 돌아와서, 나는 20대 후반에 나누었던 대화 속에서 발견한 남녀 공통의 이상형에 대해 더 깊이 생각해보기로 했다.

'말이 통하는 사람'은 대체 무엇일까?

적어도 그 술자리에 참여했던 멤버들은 단 1번도 말이 통하는 사람을 만난 적이 없었던 것처럼 말하고 있었다. 그리고 그 당시에 나 역시 마찬가지였다.

말이 통하는 사람은 대체 어떤 사람을 가리키는 것일까?

아니 애초에 말이 통하는 사람은 존재하긴 하는 것일까?

이 생각 끝에 도달한 결론은 결국 한 가지였다.

안타깝지만 남녀 관계에 있어 말이 통하는 사람은 없다. 조금 더 정확히 표현해보겠다. 남녀 관계에 있어 100% 말이 통하는 사람은 없다. 어쩌면 상대적으로 말이 통하는 것처럼 보이는 사람은 있을 수 있겠다. 하지만 그 사람 역시 관계를 이어가게 되면서 점점 이렇게 생각하게 될 것이다.

"아 진짜 말이 통하지 않는다."라고 말이다.

왜냐면 그렇게 말이 잘 통해 보였던 상대와 관계를 이어가면서도 분명 조율되지 않는 어떠한 문제와 만나게 될 것이기 때문이다. 그리고 그 문제의 대부분은 표면적으로 눈에 보일 수밖에 없는 엄청 중요하고 거대한 문제가 아닐 것이다. 정말 눈에 띄지도 않는 사소한 것일 확률이 높다.

예를 들어 연락 문제일 수 있고, 남사친, 여사친과 같은 이성 친구 문제일 수도 있다. 더 나아가 결혼 후 부부 관계를 이어가고 있는 남녀라면 치약을 중앙에서부터 짜는 습관과 맨 끝에서부터 짜는 습관이 부딪힐 수도 있고, 빨래를 뒤집어 놓는 습관일 수도 있다. 또 아침에 일어나 이부자리를 정리하는 습관과 부딪힐 수도 있고 하다못해 집 밖으로 나가는 동선에서부터 차이를 보일 수도 있다.

이런 사소한 문제, 사소한 습관들은 일상에서 흔히 접할 수 있는 정말 사소한 일이기에 하루에도 수차례 이 문제를 조율하기 위해 남자와 여자는 소통해야 한다.

하지만 앞서 강조했듯이 남자와 여자는 애초에 말이 통하지 않는다. 왜냐면 남자와 여자는 근본적으로 다르기 때문이다. 이 다름을 인정하지 못하고 서로 소통하는 방법을 제대로 이해하지 못한 남녀는 이 사소한 문제들 때문에 갈등을 겪게 된다. 그리고 사소해 보이는 이 문제들이 점점 감정으로 번지기 시작하면서 급기야 사느냐 마느냐 하는 일생일대의 문제로 번지기도 한다.

만약 부부 관계 안에서 지켜야 할 무언가가 있다면 그 책임감 때문에 쉽게 헤어지지도 못하는 상황과 마주하게 될 것이다. 그리고 이 모든 사소하면서 거대한 문제들을 인내하며 포기하고 급기야 '나' 자신을 잃어버리는 상황까지 마주하게 되면서 우리는 결혼에 대해 이렇게 표현하게 된다. (심지어 이 표현이 전 세계적으로 많은 공감을 불러일으키기도 한다. 참 웃픈 현실이 아닐 수 없다.)

"결혼은 지옥이다."

결혼은 희망이다

나는 10대 학창 시절부터 마음속 깊이 간직하고 있던 한 가지 꿈이 있었다. 바로 '행복한 가정'을 꾸리고 싶다는 생각이었다. 나의 자녀는 더없이 행복한 환경 속에서 사랑 듬뿍 주며 키울 것이라고 생각했다. 사랑하는 아내와 사랑하는 자녀, 그리고 평생 함께하는 반려동물과의 삶. 이 모든 것이 10대 학창 시절에 내가 꿈꾸던 행복한 가정의 모습이다.

하지만 20대 초, 나의 연애가 고통으로 물들어가면서 생각했다.

'나는 결혼은 할 수 있을까? 나는 여자는 만날 수 있을까? 나는 행복할 자격이 있는 사람인가?'라고 말이다.

하지만 30대 시기를 지나고 있는 현재, 내 눈 앞에 펼쳐진 현실은 나의 10대가 그토록 바라왔던 꿈같은 모습이 내 눈앞에 실현되어 있다. 첫 만남에 불같이 사랑에 빠져 한평생을 함께하기로 약속한 나의 아내를 보고 있는 순간이면 나는 항상 생각한다.

'참 행복하다.'

행복이라는 감정의 실체를 직접 마주하고 있는 느낌과 이것이 결코 꿈이 아니라는 것을 자각하는 순간이면 도무지 행복하지 않을라야 행복하지 않을 수 없다는 생각마저 든다.

게다가 내 행복한 가정 안에는 꼭 평생 함께하는 반려동물의 자리가 있을 것이라 생각했는데 그 반려동물의 자리로 청소년 고양이 설희가 함께하고 있다. 내가 침울해 있으면 내게로 다가와 내 다리를 토닥여주는 설희의 모습을 보면 마찬가지로 참 행복하다는 생각을 한다.

(이 책 표지에 나와 있는 아기 고양이의 주인공이 바로 설희다.)

게다가 올해 11월이면 행복한 가정의 마지막 퍼즐을 완성시켜 줄 나의 딸 또복이가 태어난다. 하루하루 또복이와 마주할 그 순간을 그리며 지금 이 순간에 최선을 다하고야 말겠다는 각오로 하루하루를 살아가고 있다.

우리 가족이 앞으로 맞이할 행복한 현실을 생각하면 지금 이 글을 쓰고 있는 순간에도 가슴이 벅차오른다. 그리고 지금 이 벅찬 감정을 끌어안은 채 문득 지난날의 고통을 돌이켜 볼 때면 가끔 눈시울이 붉어지기도 한다.

"이 행복한 가정을 완성하기 위해 지난 10년의 과정이 있었구나. 그리고 모든 과정은 나를 너무나 사랑하는 '이 세상'이 나에게 주는 메시지였구나."

이것들을 깨닫는 순간이면 문득 눈시울이 붉어지게 된다.

남녀 관계는 어쩌면 인생을 살아감에 있어 '돈'보다도 더 중요한 가치다. 왜냐면 우리는 남녀 관계를 통해 이 세상에 태어났고, 남녀 관계를 끝으로 우리는 세상을 떠나가기 때문이다.

하지만 그럼에도 우리는 남녀 관계에 대해 상당히 무관심한 것 같다. 게다가 표면적으로 남녀는 같은 언어를 사용하기에 소통이 가능한 것처럼 보인다. 그렇기에 굳이 남녀 관계에 대해 공부하지 않아도 연애를 시작할 수 있다. 그래서 우리는 상대적으로 남녀 관계의 중요성을 저평가해 왔는지 모르겠다.

하지만 앞서 강조했듯이 우리가 '결혼은 지옥이다.'라는 말에 적극 공감할 수밖에 없었던 건 지금까지 남녀 관계를 상대적으로 저평가해왔기 때문이라 생각한다.

이 책의 메시지를 접하는 모두는 지금부터 '결혼은 지옥이다.'라는 말에 공감할 수 없길 바란다. 오히려 **'결혼은 희망이다.'**라는 말에 더 공감할 수 있길 바란다. 거기서부터가 5차원 연애의 문을 여는 길임을 분명하게 기억해주길 바란다.

'나를' 너무나 사랑하는 '나'라는 존재는 내가 믿는 대로 나의 삶을 이끌기 때문에 여러분이 어떠한 '믿음'을 갖고 있느냐에 따라 나의 삶은 변화한다. 이에 대한 문제는 아무리 강조하고 강조해도 그 중요성이 다 표현되지 못할 만큼 중요하다.

만약 여러분이 '결혼은 지옥이다.'라는 말을 평소에도 믿고 있다면? 5차원의 존재는 여러분의 믿음처럼 여러분의 결혼을 지옥으로 만들기 위해 움직일 것이다. 왜냐면 그것이 여러분이 믿고 있는 삶의 중심이기 때문에 5차원의 존재는 친히 그곳으로 여러분을 인도해준다.

반대로 여러분이 믿고 있는 중심이 '결혼은 희망이다.', '결혼은 행복이다.'와 같은 것이라면?

5차원의 존재는 마찬가지로 여러분이 더 행복할 수 있는 길로 여러분의 삶을 인도하게 된다.

이처럼 내가 무엇을 믿고 있느냐는 내 삶의 종착지를 정해두는 것과 같다. 궁극적으로 내 현실이 어떠한 모습일지 그에 대한 점을 찍어놓는 것과 같으며 5차원의 존재는 너무나도 정확하게 내가 찍어낸 그 점의 지점으로 내 삶을 인도하게 된다.

따라서 여러분은 지금부터 '결혼은 희망이다.'라는 이 말에 적극 공감하며 나누길 바란다.

지금부터 5차원 연애의 본격적인 메시지가 전개될 예정이다. 그전에, 여러분이 이 메시지를 받아들이기 전에 반드시 선행해야 할 것은 '결혼은 희망이다.'라는 말에 적극 공감할 수 있도록 여러분만의 '행복한 관계의 이미지'를 만들어야 한다.

예를 들어 '나'의 경우엔 항상 생각한다. 57층 한강뷰가 보이는 고급 아파트에서 와인잔을 들고 창밖 너머의 경치를 바라보는 모습. 그리고 내 오른쪽 어깨에 기대어 있는 사랑스런 아내의 모습. 그리고 그 뒤로 뛰어놀고 있는 자녀들. 그리고 반려묘 설희의 모습까지.

그 모습을 생각하면 마음 깊숙한 곳에서부터 '행복'이라는 감정이 솟아오름을 느낀다. 그리고 지금 바라보고 있는 이 모습이 진짜 나의 현실인 것처럼 오감으로 느껴지게 된다.

그리고 생각한다. 나의 행복한 가정의 모습은 바로 이러한 모습이라고, 그리고 이 모습은 분명한 나의 현실이라고 말이다.

여러분 역시 이러한 모습을 상상하길 바란다. 여러분이 그리는 여러분만의 가장 행복한 가정의 모습. 그리고 그 안에서 여러분이 짓고 있는 표정을 그려보길 바란다. 그리고 느껴보길 바란다.

여러분이 느끼는 순간 그 감정은 곧 내 안의 무의식에 저장되고, 그렇게 저장된 감정은 또다시 내가 그린 이미지 그대로 5차원의 존재의 '나'에게 전해지게 된다. 그리고 고차원의 존재는 '내가' 그곳에 도달할 수 있는 모든 과정을 내게 전하고자 움직인다.

이 책의 메시지를 본격적으로 받아들이기 전에 반드시 이 이미지를 구체적으로 상상하며 그려보길 바란다. 여러분의 결혼이 여러분의 삶에서 '희망'이 된 그 모습을 말이다.

"남자가 종족 번식을 위해 여기저기 여자를 찾아다니는 모습이 마치 강아지가 자신의 영역표시를 위해 이리저리 뛰어다니는 모습과 같다고 생각했어요.

또 영역 동물인 고양이가 자신의 공간 안에서 안정감을 느끼는 모습이 마치 여자가 감정적으로 연결된 인간관계 영역 안에서 행복을 느끼는 모습과 같다고 생각했어요.

그렇다면 이렇게 다른 두 남녀가,

그러니까 강아지 같은 남자와 고양이 같은 여자가

서로 사랑할 때

우리는 어떻게 맞춰가야 할까요?"

– 5차원 연애

CHAPTER 1

강아지

닫지와

고양이 틀은

이지는

이렇게 다르다

01.

처음 강아지 루카를 산책시킬 때였다. 어릴 때부터 강아지를 사랑하던 나는 강아지 루카와 함께 산책한다는 생각에 잔뜩 부풀어 있었다. 그리고 그 부푼 가슴은 어쩌면 나뿐만이 아니었던 것 같다. 강아지 루카 역시 상당히 업되어 있는 것처럼 보였다.

산책을 하는 동안 강아지 루카의 모습을 계속 주시했다. 루카의 고개는 주변의 풍경을 모두 담아내겠다는 듯이 사방을 주시하고 있었다. 게다가 혓바닥을 쭉 내밀어 헥헥거리는 루카의 모습에서 아주 상쾌한 기분을 엿볼 수 있었다.

심지어 루카의 뒷모습은 마치 하늘에 닿을 듯 상당히 업되어 있었다. 뒤뚱뒤뚱 엉덩이를 흔들며 거리를 쏘다니는 루카의 뒷모습. 그 모습을 보고 있을 때면 '저리도 좋을까?' 싶은 생각이 절로 들기도 한다.

얼마나 걸었을까? 문득 길거리를 활개하던 강아지 루카가 분주하게 전

봇대 어딘가로 향한다. 오른쪽 뒷다리를 들어 올리는 것을 보니 자신의 영역임을 각인시키려는 것 같다. 찔끔 오줌 몇 방울 흘리더니 이내 곧 관심 없다는 듯이 훅 지나가 버린다.

다시 또 발걸음을 옮긴다. 얼마나 걸었을까? 앞에 보이는 은행나무 어딘가로 향하는 루카의 발걸음이 어딘가 늠름해 보인다. 그리곤 곧 또다시 뒷다리를 올려 자신의 영역임을 표시한 루카는 굉장히 설레어 보이기까지 한다.

그렇게 1시간 동안 루카는 동네의 여기저기에 자신의 흔적을 남겨두었다. 흔히 말하는 강아지들의 영역표시 말이다.

영역표시를 마친 루카는 처음 산책을 나오기 전보다 어딘가 지친 모습이 분명해 보이지만 표정만큼은 이전보다 훨씬 좋아 보인다. 심지어 만족스러워 보이기까지 한다. 이렇게 강아지 루카는 이 세상 곳곳에 자신이 다녀갔다는 흔적을 남기기 위해 매일 같이 영혼을 불사른다. 나의 영역을 점점 넓혀가는 것이 내 존재의 이유라고 생각하는 듯이 말이다.

산책을 마치고 집으로 돌아온 루카는 꽤 지친 모습으로 방 한구석에 덜컥 주저앉는다. 그리고 곧 혓바닥을 내밀고 숨을 고르면서 헥헥거린다. 그리고 그런 루카의 모습을 도무지 이해하지 못하겠다는 표정으로 지켜보는 녀석 1명이 있었으니 바로 브리티쉬 롱헤어의 아리따운 고양이 설희가 루카를 뚱하니 쳐다본다. 도저히 이해가 가지 않는다는 저 표정이 꽤 우습기도 하다.

고양이 설희는 강아지 루카를 도저히 이해할 수 없다고 생각한다. 왜냐면 설희는 말 그대로 집순이 그 자체이기 때문이다. 특히 자신이 알지 못하는 어떠한 위험이 다가올지도 모른다고 생각하기 때문에 낯선 거리로 나가는 것을 극도로 싫어한다. 그렇기에 고양이 설희의 눈에는 매일 저 위험한 거리를 활개하고 싶어 하는 루카의 모습이 도무지 이해되지 않는 것 같다.

루카의 헥헥거리는 모습을 한번 노려본 설희는 이내 곧 고개를 저리 돌려버린다. 그리고 곧 창가에 앉아 가만히 창밖을 내다본다.

한번은 설희와 함께 밖에 나갔을 때의 일이다. 조그마한 천 가방 안에 설희를 넣어두고 끌어안은 채 거리를 돌아다녔다. 가방 안에 있던 설희는 한 번쯤 고개를 내밀 법도 한데 그 안에서 전혀 미동조차 하지 않았다. 그만큼 밖에 나와 있는 시간이 싫었던 것 같다.

이렇듯 고양이 설희는 강아지 루카와는 180도로 다르다. 루카는 자신의 흔적을 이 세상 곳곳에 뿌리고 다녀야 하는 본능을 지닌 반면 고양이 설희는 자신이 정든 영역 안에서 활동하는 것을 더 선호한다. 아니 선호라는 단어로 표현할 수 없을 만큼 안정감을 느낀다.

한번은 설희와 루카의 이러한 모습을 보고 재밌는 생각 한 가지를 해보았다. 고양이 설희의 이러한 특징은 마치 여자가 자신의 주변 친구들과 정서적 공감대를 형성하여 자신의 영역을 구축하고자 하는 본능과 닮아 있다는 생각이 들었다. 그리고 강아지 루카는 남자가 종족 번식의 본능을 위해 이 여자 저 여자 자신의 매력을 뿌리는 것과 닮았다는 생각이 들었다.

이 생각을 시작으로 나는 강아지 루카와 고양이 설희가 어떻게 관계를 형성할 수 있는지 관찰해보기로 했다.

고양이 설희를 안고 밖으로 나가 드디어 일과를 마무리하고 집으로 돌아왔다. 현관문 앞에 서서 비밀번호를 입력하고 그렇게 문을 여는 순간 정말 깜짝 놀랄 만한 속도로 설희가 가방 밖으로 튀쳐나왔다. 그리고 유유히 방 안으로 들어가 자신이 가장 좋아하는 창틀 자리에 앉았다. 그리고 밖에서의 스트레스를 해소하려는 듯이 창밖을 내다보며 가만히 앉아 있기 시작했다.

하지만 강아지 루카는 나 빼고 외출을 한 설희가 마냥 부러웠는지 약간은 심술 맞은 표정으로 고양이 설희를 쳐다보기 시작했다. 하지만 고양이 설희는 그런 루카를 한번 째려보고는 다시 창밖을 내려다보기 시작했다.

창밖을 바라보는 고양이 설희의 뒷모습이 어쩐지 지쳐 보인다. 괜히 데리고 나갔나 하는 생각에 잠시 미안한 감정이 들 때쯤 설희의 생각이 곧바로 내 귓가에 맴도는 것처럼 들리기 시작했다. **"루카 쟤는 밖에 돌아다니는게 뭐가 그리 좋은 걸까? 도대체 이해할 수가 없네."**

그리고 그 생각에 반응하듯 강아지 루카도 이어서 생각했다. **"설희만**

밖에 나가고 부럽다. 주인님이 밖에 데리고 나갔으면 감사해야지 저렇게 싫은 티만 팍팍 내고 있다니. 하여튼 도무지 이해할 수 없다니깐."

고양이 설희와 강아지 루카가 이렇게 다르듯 우리 남자와 여자도 180도로 다르다.

남자와 여자는 이 세상에 태어나 살아가면서 궁극적으로 이루고자 하는 본능이 서로 다르다. 그렇기에 같은 말을 하고 있지만 그 안에 담긴 의미는 서로 180도로 다를 수 있다. 따라서 남자와 여자가 서로를 100% 이해한다는 것은 사실상 불가능함에 가깝다.

이렇게 생각해보자. 만약 고양이 설희가 강아지 루카를 자신의 활동 범위 안으로 가둬버린다면 어떻게 될까? 아마도 높은 확률로 강아지 루카는 점점 병들어가게 될 것이다. 매일 산책을 해야하는 강아지의 특성상 점점 우울감이 번질 것이고, 그로 인해 무기력해질 것이다. 그리고 점점 무언가 해소되지 못하는 감정으로 인해 결국 병들 것이다.

또 마찬가지로 고양이 설희를 강아지 루카의 활동 범위로 끌고 다닌다면? 마찬가지로 높은 확률로 점점 병들어가게 될 것이다.

그리고 결국 둘의 관계는 비극적인 결말을 맞이할 수밖에 없을 것이다.

그렇다면 강아지 루카와 고양이 설희는 절대 이상적인 관계를 만들어 갈 수 없는 것일까?

남자와 여자의 관계는 결국 비극으로 끝날 수밖에 없는 것일까?

No. 아니다. 남자와 여자는 반드시 더 행복할 수 있다.

그리고 남녀 관계가 서로 행복해지기 위해 반드시 선행되어야 할 조건은 반드시 '서로 다르다.'라는 것을 인정하고 받아들이는 것이다. 모든 것은 거기서부터 시작된다.

나는 남자와 여자의 특성을 각각 이렇게 정의한다. 여자는 사랑받고 싶은 동물이고, 남자는 칭찬받고 싶은 동물이다. 이것을 더 자세히 풀어 보면 다음과 같다.

여자에게 인간관계란 정서적으로 유대감을 나누고 싶은 것에 그 목적이 있다. 서로서로 공감대를 형성하여 감정을 나누고 또 이해받고 싶어 하는 것이다. 그리고 그렇게 정서적으로 연결됨을 느낄 때 여자는 비로소 사랑받는 감정을 느끼게 된다. 그리고 여자는 사랑받음을 느낄 때 비로소 살아 있음을 느끼는 동물이다. 그것이 여자가 세상을 살아가는 이유이자 본능 자체이다.

하지만 남자에게 인간관계란 자신의 능력을 인정받고자 하는 것에 그 목적이 있다. 즉 남자는 계속해서 자신이 쓸모 있는 사람이라고 느끼길 원하고 그로 인해 자신의 능력이 인정받음을 느낄 때 남자는 살아 있음을 느낀다. 그것이 남자가 세상을 살아가는 이유이자 본능 자체이다.

심지어 남자에게 있어 이 인정받고 싶은 욕구는 섹스보다도 더 강렬한 자극이다!

이렇게 남자와 여자에게 있어 인간관계란 각각 추구하는 목적 자체가 다르다. 애초에 이 세상에 태어난 목표(본능)가 다르기에 서로 다른 목적을 가지고 인간관계를 이어가게 되는 것이다. 그리고 남녀 관계는 이 본질적 차이로 인해 치명적인 문제가 발생된다. 서로가 더 강렬히 사랑하면 사랑할수록 상대에게 더 깊은 상처를 줄 수밖에 없게 되는 것이다.

사랑하기 때문에 여자는 자신의 모든 관심과 정성을 남자에게 쏟는다. 하지만 남자는 여자의 관심과 사랑으로 인해 자신이 무능력하다고 느끼게 된다.

또 반대로 남자는 여자를 너무나 사랑하기에 여자의 문제를 자신의 문제라 생각하고 그것을 풀어내고자 생각 회로가 작동된다. 하지만 그로 인해 여자는 오히려 남자와 점점 멀어져가는 것처럼 느끼게 된다. 남자의 사랑이 여자에게 전해지면서 오히려 여자는 더더욱 자신이 사랑받지 못한다고 느끼게 되는 것이다. 그리고 남자는 내 여자가 불안해하는 모습을 보며 더 노력하고자 움직이지만 그럴수록 여자는 점점 더 외로워지게 된다.

남자와 여자는 자신의 사랑을 표현한 것뿐인데 그 사랑이 상대방에게 다가가 날카로운 칼날이 되어 상대의 가슴을 깊이 찌른다. 사랑을 표현하면 표현할수록 오히려 점점 더 크게 상처받게 되고 이러한 악순환은 두 사람의 관계를 계속해서 좀먹기 시작한다.

실제 유튜브를 운영하면서 접한 사연의 대부분이 이와 같은 패턴을 보이고 있었다. 각각의 상황은 전부 다르지만 본질적으로만 보자면 대부분 같은 문제로 이별을 맞이하고 있던 것이다.

이번 장에서는 '남자와 여자가 다르다'는 것에 대해 더 자세히 들여다보고자 한다.

여자는 사랑받고 싶은 동물, 남자는 칭찬받고 싶은 동물.

남자와 여자의 다름을 직설적으로 표현한 각각의 두 문장을 기억하면서 이 책의 메시지를 들여다보고 여러분의 상황에 직접 대입해 보길 바란다. 아마도 그 당시엔 도무지 이해가 가지 않았던 상대방의 행동을 좀 더 본질적으로 이해할 수 있을 것이다.

02.

여자는 감정을 나누고 싶어 한다

영역 동물인 고양이는 자신의 영역 안에 있을 때 평안함을 느낀다고 한다. 그런데 만약 고양이가 익숙한 자신의 공간이 아닌 다른 낯선 환경으로 가게 된다면 어떻게 될까? 고양이는 분명 신경이 날카로워지고 예민해질 것이다. 왜냐면 내가 알지 못하는 어떤 위험이 나를 위협할 수도 있다고 생각하기 때문이다. 게다가 낯선 환경에 자주 노출되는 고양이는 스트레스로 인해 질병에 노출되기 쉽다고 한다. 고양이가 강아지와 가장 큰 차이를 보이는 특징이 바로 여기에 있다.

강아지는 매일 하루에 1번씩 산책하러 나가 자신의 영역을 개척하고 활발하게 뛰어다녀야 비로소 건강할 수 있다.

그런데 고양이를 강아지의 패턴대로 매일 산책시키고 뛰어다녀야 하는 환경으로 내몬다면 어떻게 될까? 앞서 말했듯 스트레스로 인해 질병에 더 쉽게 노출되어 건강에 치명적일 수 있다.

이렇게 고양이와 강아지는 서로 정반대되는 특징을 가지고 있기에 만약 고양이의 시선대로 강아지를 판단하고자 한다면 반드시 관계 안에서 문제가 발생할 수밖에 없다.

우리 인간도 마찬가지다. 단지 성별만 다를 뿐인 남자와 여자이지만 서로 정반대되는 본능을 지닌 채 삶을 살아가기에 각자의 기준대로만 상대방을 대하게 된다면 남녀 관계 안에서 문제는 발생된다.

우선 나는 남자와 여자의 본능을 각각 이렇게 정의한다.

1) 여자는 사랑받고 싶은 동물.

2) 남자는 칭찬받고 싶은 동물.

어쩌면 단순한 차이일지 모르겠지만 이 작은 차이는 거대한 나비효과를 일으켜 남자와 여자 각각의 삶에 큰 영향력을 행사하게 된다. 예를 들어 위 두 문장을 조금 더 들여다보면 '남자는 칭찬받는 환경에 노출될 때 궁극적인 행복을 느끼고, 여자는 사랑받는 환경에 노출될 때 또 궁극적인 행복을 느끼게 된다.'로 풀어볼 수 있다. 그리고 인간은 각자 추구하는 행복의 기준대로 삶을 살아가게 되고 그로 인해 남자와 여자는 서로를 이해할 수 없는 상황에 놓이게 된다.

우선 여기서, 여자의 행복에 대해 조금 더 깊이 이해해보자.

여자는 사랑받는 환경에 노출될 때 궁극적인 행복을 느낀다고 했다. 그렇다면 사랑받는 환경이란 무엇일까? 여러 가지 사랑 표현이 존재하는 만큼 사람마다 분명한 기준이 있겠지만 큰 틀에서 볼 때 **여자가 추구하는 행복의 방향은 '감정의 순환'이다.** 여자는 자신의 감정이 더 원활하게 순환할 수 있을 때 살아 있음을 느끼고 그로 인해 행복한 감정을 느끼게 된다.

이 감정의 순환에 대해 조금 더 자세히 표현해본다면 모든 감정이 원만하게 불어오고 소모될 수 있는 상태를 가리킨다. 예를 들어 우울한 감정도, 반대로 행복한 감정도 분명 시간이 흐름에 따라 점점 소모되고 고갈된다. 그리고 고갈된 그 감정의 자리로 또다시 새로운 감정이 불어오게 되는데 이렇게 모든 감정이 원활하게 순환될 수 있을 때 여자는 비로소 궁극적인 행복을 느끼는 것이다.

예를 들어서 여자가 회사에서 상사에게 한 소리를 듣고 온 상황이라고 가정해보자.

여자는 퇴근 후 남자친구에게 전화를 걸기 시작한다. 이때 여자가 전화를 건 목적은 나와 정서적 공감대를 형성한 남자친구에게 자신의 부정적인 감정을 털어놓고 싶기 때문이다.

무언가 해결책을 바라거나 딱히 뭘 해주길 바라는 마음이 아닌 그저 자신의 이야기를 내 남자친구에게 속 시원히 이야기하고 그로 인해 부정적인 감정이 더 원만하게 소모될 수 있길 바라면서 자신의 이야기를 터놓고자 하는 것이다. 이는 여자가 남자친구를 아주 신뢰하기 때문에 할 수 있는 행동이다.

그런데 여기서 만약 남자가 여자의 상황을 분석하고 판단하면서 자꾸 해결책을 제시하려 한다면 어떻게 될까? 그러니까 여자의 부정적인 감정을 자신이 직접 해결해주겠다며 스스로 솔로몬이 되길 자처한다면?

여자는 부정적인 감정을 소모하기는커녕 오히려 무시 받는 감정을 느끼게 될 것이다.

뒤에서 더 자세히 다루겠지만 남자는 칭찬받고 싶은 동물이고 자신의 능력이 인정받을 만한 상황 안에 있을 때 비로소 행복을 느끼는 동물이다. 그러니까 쉽게 이야기해서 남자는 자신이 필요한 존재라고 느낄 때 비로소 행복을 느끼게 된다는 것이다. 그리고 이 본능을 시작으로 내 여자의 문제를 꼭 풀어내고야 말겠다는 생각이 발동되면서 스스로 솔로몬이 되길 자처하는 것이다. 이는 분명 남자가 여자를 사랑하기 때문에 더 적극적으로 내 여자의 문제를 풀어내고자 하는 것이다.

바로 이렇게 다른 남자와 여자의 특징 때문에 남녀 관계의 모든 문제가 시작된다.

남자는 자신이 필요한 존재라는 사실을 증명하기 위해 계속해서 해결사가 되길 자처한다. 하지만 여자가 바라는 행복은 남자가 모든 것을 떠안아주는 그런 모습이 아니다. 오히려 자신의 이야기에 더 경청해주는 남자의 모습을 볼 때 여자는 더 원만하게 감정이 순환될 수 있고 비로소 행복을 느낄 수 있게 된다.

하지만 남자는 여자의 이러한 생각을 전혀 눈치채지 못한 채 계속해서 스스로 솔로몬이 되길 자처하면서 여자의 상황을 분석하고 판단하기 시작한다. 그리고 여자의 감정은 점점 더 가라앉기 시작한다.

게다가 더 큰 문제는 그렇게 가라앉기 시작하는 여자의 모습을 보면서 남자는 자신의 능력이 무시당했다고 느끼게 된다는 것이다.

그리고 그로 인해 둘 사이의 갈등은 점점 더 커지게 된다.

여자가 남자와 말이 통하지 않는다고 느낄 때

이렇게 우리 인간은 각자의 기준대로 행복을 추구하기 때문에 문제가 발생한다.

심지어 남자가 자신의 기준대로 여자의 문제를 대하는 것, 그러니까 남자가 여자의 문제를 대함에 있어 스스로 해결사 역할을 자처하고자 하는 태도는 여자의 시선에서 보면 '도저히 이해할 수 없는 무언가'라고 생각할 수 있다.

하지만 그것은 분명 남자의 사랑 표현이다. 남자는 여자 친구를 사랑하기 때문에 여자의 문제를 자신의 문제라고 생각하는 것이다.

반대로 남자의 시선에서 볼 때 매일 투정 부리고 불평, 불만을 늘어놓는 여자의 모습이 참 어리다고 생각될 수 있다. 하지만 남자의 생각처럼 여자의 생각이 마냥 어리기 때문에 그렇게 불평, 불만을 늘어놓는 것이 아니다. 여자가 그렇게 불평, 불만을 늘어놓는 것은 남자친구를 신뢰하기 때문에 할 수 있는 행동이다. 그리고 그것은 분명 여자의 사랑 표현이다.

여자는 남자친구와 정서적으로 연결되어 있음을 느낄 때 비로소 사랑받는 감정을 느끼게 되고 행복을 느끼게 된다. 따라서 여자가 회사에서 상사에게 한소리 들은 후 그것을 남자친구에게 털어놓으려 하는 진짜 이유는 남자친구를 강력하게 의지하기 때문에 도움을 요청하는 것과 같은 이치이다.

"여보야. 지금 내 감정이 너무 힘드니까 내 이야기 좀 들어줘. 여보가 내 이야기를 들어주면 내 기분이 많이 좋아질 것 같아. 나 좀 도와줘."

하지만 여자의 이러한 SOS 신호는 남자에게 전해지지 않는다. 오히려 남자는 여자의 그 SOS 신호, 그러니까 여자의 불평, 불만을 이렇게 해석하기 때문이다.

"너랑 만나는 게 너무 힘들어. 너랑 만나는 내 인생이 너무 불행해."

남녀 관계에서 모든 문제는 바로 이 관점의 차이에서 발생하게 된다. 아마도 직접적으로 표현한 저 두 문장을 보면서 여러분은 이렇게 생각했을 수도 있다.

"에이 말도 안 되는 소리… 설마 저렇게까지 생각한다고?"

하지만 이게 진실이다. 여자는 남자친구에게 도움을 요청하며 SOS 신호를 보내고 있는데 남자는 그 신호를 들으면서 오히려 자신이 무능력한 존재라고 느끼게 된다. 왜냐면 내 여자의 모든 문제는 결국 내가 해결해주어야 한다는 심리에서부터 모든 상황을 해석하기 때문에 여자의 부정적인 감정 역시 자신이 해결해주어야 하는 무언가라고 생각하기 때문이다.

그런데 실질적으로 남자가 해줄 수 있는 것은 없다. 여자의 회사로 가서 상사의 멱살을 잡을 수도 없는 노릇이고, 자신의 권력으로 여자친구의 상사를 잘라버릴 수도 없는 노릇이다.

모든 것을 '내 능력이 부족해서'라고 판단한 남자는 이 여자는 날 만나기 때문에 이렇게 힘들다고 판단하게 되고 스스로 부정적인 감정에 휩싸이면서 점점 감정이 바닥치기 시작하는 것이다.

간혹 여자가 불평불만을 늘어놓을 때 남자가 욱하는 상황을 목격한 적이 있을 것이다.

이때 여자는 생각한다. 도대체 뭐가 저렇게 화가 나는 건지 모르겠다고 말이다. 단순히 상사와의 일화를 이야기하면서 내 감정이 이렇게 안 좋았다는 것을 이야기하고 싶은 것인데 남자친구는 그 상황에서 잘잘못을 따지기 시작하더니 급기야 욱하며 화를 내기 시작하고 점점 감정싸움으로 번지게 된 이 상황이 도무지 이해되지 않을 것이다.

이는 남자와 여자가 근본적으로 말이 통하지 않는다는 사실을 직접적으로 보여주는 대표적인 예시이다.

또 다른 예를 들어보자. 남녀 관계에서 연락 문제로 다투는 연인들이 꽤 많은 것 같다. 어쩌면 이 연락 문제야말로 이성 친구 문제만큼이나 남녀 관계 안에서 수많은 문제를 파생시키는 민감한 문제인 것 같다.

그런데 이 연락 문제에서 이렇게 겉으로 보이는 특징(연락의 빈도) 말고 조금 더 깊숙한 내면을 들여다보게 된다면 이는 단순히 연락을 자주 하고 덜하고의 문제가 아닌 경우가 더 많을 것이다.

생각해보자. 연락을 더 자주 해주길 바라는 여자의 마음은 무엇일까?

아마도 나와 유대감을 형성한 남자친구와 계속해서 더 깊이 감정을 교류하길 희망할 것이다. 여자는 남자가 일상을 살아가면서도 나를 계속 생각해주고 있다는 모습에서 사랑받는다고 느끼게 된다. 그리고 그것은 여자가 행복한 감정을 느끼게 되는 기본 원리이기도 하다.

하지만 남자와 여자를 떠나 그냥 사람 대 사람으로 놓고 보았을 때도 연락의 기준은 분명한 차이를 보일 수밖에 없다.

이를 테면 여자의 요구보다도 더 많은 연락을 요구하는 남자가 있다고 해보자. 오히려 남자는 이 연락 문제를 조금 더 이성적인 접근으로 풀어갈 수 있을 것이다.

그리고 만약 남자와 여자 모두가 정말 우연하게도 똑같은 수준의 기준을 가지고 있다면 관계 안에서 연락 문제로 파생되는 갈등은 비교적 적을 것이다.(그런데 대부분 사소하게나마 차이가 발생되기에 이는 이상적인 관점일 수 있다.)

그리고 만약 여자가 남자보다 더 높은 수준의 기준을 가지고 있다면 단순히 연락을 자주 하는 것과 같은 방법으로는 이 갈등이 해소되지 않을 확률이 높다. 왜냐면 여기서 여자가 남자에게 요청하는 '연락을 더 자주 해줘.'라는 이 말은 앞서 이야기했듯이 단순히 '연락을 더 많이 해줘.'라는 1차원적인 접근이 아닐 확률이 높기 때문이다.

예를 들어 남자가 기계적으로 연락만 많이 남기는 방향으로 이 문제를 풀어가고자 한다면 두 사람 사이에서 갈등은 어쩌면 더욱 깊어질 수 있다. 남자는 나름대로 연락을 더 많이 남기려고 노력했는데 그 노력과는 달리 여자는 무언가 채워지지 않는 감정으로 계속해서 남자에게 불만을 표현하고, 아무리 노력해도 만족하지 않는 여자의 모습을 보면서 남자는 지속적으로 관계 안에서 좌절하게 될 수 있다.

도대체 왜 이런 현상이 벌어지는 것일까?

앞서 이야기했듯이 여자가 바라는 것은 단순히 남자에게 '연락을 더 많이 해줘!'라고 요구하는 것이 아니기 때문이다.

여자가 남자에게 연락을 더 많이 해달라고 요구하는 것은 이렇게 해석할 수 있다.

"계속 나를 생각해줘. 계속 나에게 관심을 가져줘."

자, 만약 이와 같은 여자의 요구에 남자가 이런 형태로 노력을 했다고 생각해보자.

"지금 회의 들어가."

"이제 밥 먹으려고."

"지금 퇴근하고 집에 가."

여자가 바라는 연락은 이런 것이 아니었을 것이다.

만약 앞의 3가지 예시를 이렇게 바꾸어보면 어떨까?

"여보 지금 나 회의 들어가요. 여보도 일 잘하고 있죠? 오늘도 힘내고 이따 내가 회의 끝나고 바로 연락할게요! 얼른 보고 싶어요."

"여보 이제 동료들이랑 밥 먹으러 가고 있어요. 여보도 점심 먹고 있겠 네요? 밥 맛있게 먹고 이따 들어가기 전에 잠깐 전화할게요."

"이제 퇴근하고 집에 가고 있어요! 여보 오늘도 수고 많았어요. 오늘 힘든 일은 없었어요?"

여자가 남자에게 바라는 연락은 단순히 '연락 빈도를 높여달라'는 1차 원적인 요구가 아니다. 단 1개의 메시지를 남기더라도 여자를 생각하고 있음을 느낄만하게 보내주어야 비로소 이 갈등이 원만한 방향으로 해결 될 수 있을 것이다.

회의에 들어가 장시간 연락이 안 되는 상황이더라도 위와 같이 섬세한 메시지로 여자의 마음을 채워줄 수 있고 더 나아가 정서적 유대감까지 느끼게 할 수 있다. 게다가 이러한 유대감이 점점 쌓일수록 관계 안에서 믿음이 싹트게 되고 오히려 연락 문제는 더 이상 두 사람 사이에서 문제로 작용하지 않게 될 수 있다.

만약 더 자주 연락해달라는 여자의 요구에 남자가 계속해서 연락의 빈도만 높이고자 행동한다면 어떻게 될까?

우선 인간의 열정도 유한한 감정이기 때문에 그 열정은 반드시 시들 수밖에 없다.(그렇기에 이 노력은 한계가 분명하다.) 그리고 그렇게 시들어가는 열정을 여자는 반드시 눈치 챌 것이다. 그래서 오히려 더 남자에게 연락을 자주 해달라고 요구하게 될 것이고, 급기야 남자의 생활 패턴에 점점 더 깊이 관여하게 되면서 남자를 구속하게 될 것이다.

그리고 더 나아가 계속해서 여자의 부정적인 감정이 채워지지 않은 채 깊어져 간다면 아마도 여자는 순간적으로 최악의 선택을 하게 될 수도 있다. (여자의 이 최악의 선택이야말로 남자가 가장 싫어하는 것 중 1등일 것이다.)

"우리 헤어질래?"

(여자의 이 말은 남자에게 이렇게 말하는 것과 같다. "빨리 내 마음을 더 알아줘. 빨리 나에게 더 사랑을 표현해줘. 그렇지 않으면 정말 너랑 헤어질지도 몰라. 빨리 내 마음을 잡아줘.")

여자의 이 말에 남자는 점점 더 지쳐가게 된다. 나름대로 노력하는데 도대체 어디까지 해야 내 여자가 행복해질 수 있는지 모르겠고, 오히려 노력하면 할수록 점점 불행해지는 것 같은 여자의 모습에 남자는 자신의 능력이 부족하다고 느끼게 된다.

"이 여자는 나와 함께할 때 더 불행한 것 같아. 내가 이 여자와 함께 하는 것이 맞을까? 우리가 더 깊은 미래를 그려갈 수 있을까?"

이런 문제가 생기는 가장 근본적인 이유는 '본질'을 바라보지 못하기 때문이다. 앞서 강조한 것처럼 여자가 남자에게 연락을 더 자주 해달라고 요청하는 이유는 관심을 더 표현해달라는 것이다. 하지만 남자는 단순하게 연락의 빈도만 높이고자 하니 여자의 갈증이 채워질 리 없다.

이별한 사연을 분석해보면 이러한 상황을 꽤 많이 발견할 수 있었다. 실제로도 많은 남자들이 관계 안에서 이러한 패턴으로 인해 좌절하고 있었던 것이다.

하지만 아이러니하게도 남자의 이러한 좌절감은 여자에게 닿을 수 없었다. 오히려 여자는 남자의 그런 모습을 다르게 해석하고 있었기 때문이다.

"이 남자는 더 이상 날 사랑하지 않아."라고 말이다.

여자가 남자에게 마음을 열었던 이유는?

정리해보면 여자가 남자에게 더 자주 연락해 달라고 하는 이 문제는 **나에게 더 사랑을 표현해달라고 말하는 것과 같은 이치이다.**

그렇다면 이 문제를 더 쉽게 접근해서 풀어볼 수는 없을까?

문제 자체에 초점을 두지 말고 생각의 관점을 바꿔보자. 흔히 썸 타는 시기라고 하는 이 시기를 생각해보면 답을 비교적 쉽게 찾아낼 수 있을 것이다. 왜냐면 썸 타는 시기에 남자는 성공적으로 여자의 마음을 사로잡았었기 때문이다.

썸 타던 시기에 남자는 어떻게 여자의 마음을 사로잡을 수 있었을까? 아마도 그 시기에 남자는 여자의 마음을 사로잡기 위해 굉장히 섬세해졌을 것이다. 여자의 행동 하나하나에 의미를 부여하기 시작하면서 이럴 때 내가 이렇게 말하면 이 여자는 어떻게 생각할까? 하고 모든 신경을 집중했을 것이고 모든 관점을 여자의 입장에서 생각하고자 생각 회로가 작동되었을 것이다. 그런 정성이 있었기 때문에 남자는 성공적으로 여자의 마음을 사로잡을 수 있었다.

그런데 만남이 시작되고 관계를 이어가면서 어딘가 소홀해지기 시작했다. 그리고 그런 남자의 모습을 보면서 여자는 점점 변해간다고 느꼈을 것이고, 점점 불안해지기 시작한 것이다. 그리고 여자는 자신의 감정을 안정시켜 달라며 남자에게 계속해서 SOS 신호를 보내게 된다. 그리고 이렇게 보내진 SOS 신호 중 하나가 바로 '연락 문제'로 표현되었을 뿐이다.

이때는 다시 처음으로 돌아가서 생각해본다면 문제는 비교적 간단히 해결될 수 있을 것이다. 왜냐면 썸 타던 시기의 그 모습에서 이미 이 문제를 풀어낼 정답이 담겨 있기 때문이다.

관계 안에서 이러한 문제들은 더욱 다양한 형태로 나타나게 된다. 그런데 심각한 건 대다수가 이러한 문제의 본질을 알아차리지 못한 채 표면적인 노력만 이어간다는 것이다. 이를테면 연락 문제에서 단순히 연락의 빈도만 높이려고 했던 남자의 모습처럼 말이다.

하지만 이러한 노력은 애초에 문제의 본질을 바라보지 못한 채 표면적인 노력만 이어가고자 하는 것과 같다. 그리고 문제의 본질과 방향성이 다른 노력을 이어가고 있기에 관계 안에서 문제는 좀처럼 사라지지 않는다.

처음엔 남자 역시 열정을 다해 이 문제를 풀어내고자 노력한다. 그런데 계속 만족하지 못하는 여자의 모습을 보며 남자는 점점 지쳐가고 좌절하게 된다. 그리고 이 관계는 도저히 내 능력으로 지켜낼 수 없는 것이라 판단하기 시작하면서 점점 자신이 무능력하다고 느끼기 시작한다. 그리고 결국 남자는 여자에게 이별을 고하게 된다.

남자가 이별을 결심하는 이유를 단 한 가지로 일반화할 수는 없겠지만 정말 여자친구를 사랑하고 관계를 지켜가고자 노력했던 남자가 갑자기 돌연 이별을 고하는 상황은 대부분 이러한 감정의 흐름으로 상황을 유추해볼 수 있다.

실제로 많은 사연 속에서 이와 비슷한 상황을 엿볼 수 있었다.

"저는 이 포인트에서 남자친구가 당신에게 SOS 신호를 보냈다고 생각해요."

실제 1:1 상담에서 다수의 내담자에게 내가 직접 전했던 말이다. 게다가 이러한 포인트를 내담자에게 짚어주기 전까지 상대의 이러한 생각을 전혀 모르고 있던 사람들이 대다수였다.

분명한 건 이 모든 상황은 결국 무지에서 비롯되었다는 것이다. 남자와 여자의 본능이 본질적으로 다르다는 것을 알지 못했고 그로 인해 서로 생각이 다를 수 있다는 것을 인지하지 못했던 것이다. 몰랐기 때문에 그저 말이 통하지 않는다는 생각으로 상대를 무시하기 바빴고 관계는 점점 권태로운 방향으로 나아갈 수밖에 없었다.

그런데 여기서 만약 쉽게 헤어질 수도 없는 상황이라면 어떻게 될까?

예를 들어 이미 결혼한 부부이고 가정 안에서 이미 지켜야 할 것들이 많아진 상황이라면?

아마도 모든 순간순간이 고통이 될 것이다. '결혼은 지옥이다.'라는 말에 많은 사람이 공감하는 것도 바로 이러한 문제에서 발생되었다고 생각한다.

이 모든 상황을 극복하기 위해 반드시 선행되어야 하는 것은 '다름'을 인정하는 것이다.

'다름'을 인정하고 애초에 남자와 여자는 근본적으로 말이 통하지 않는다는 사실을 있는 그대로 받아들일 수 있을 때 남녀 관계는 비로소 '가능성'을 얻게 된다.

그리고 이렇게 만들어진 '가능성'은 '다름'으로 인해 벌어진 남녀 두 사람의 간극을 좁히는 데 큰 역할을 하게 될 것이다. 왜냐면 그 사람과의 관계가 소중한 만큼 당연하게도 이 관계를 지키고자 생각 회로가 작동될 것이기 때문이다.

하지만 오해하지 말아야 할 것은 다름을 인정하고 상대에 대해 공부한다고 하더라도 남자와 여자는 서로를 100% 이해할 수 없다는 것이다. 그저 지식으로나마 상대방을 이해해보고 공감해보고자 움직이는 것이 전부이다.

하지만 100% 서로를 이해하지 못한다고 하더라도 괜찮다. 모든 것을 전부 이해하며 공감할 순 없어도 이렇게 서로의 생각을 지식으로나마 이해해볼 수 있다면 이는 분명 거대한 나비효과가 되어 두 사람 사이의 관계를 더욱 행복한 방향으로 이끌어줄 것이다.

예를 들어서 만약 강아지 루카가 고양이 설희에 대한 습성을 공부하고 이해했다고 가정해보자. 어느 날 설희가 일상을 마무리하고 돌아와 강아지 루카에게 하소연하는 상황이라고 가정해보자. 이때 루카는 **"나가서 산책하면 기분이 좋아질 거야."**라고 조언하고 싶어 입이 근질거릴 것이다. 게다가 어쩌면 자신도 모르는 사이 이미 그런 말을 설희에게 전하고 있는 상황과 마주할 수도 있다. 하지만 그와 동시에 분명 이러한 생각 하나가 스치게 될 것이다.

"아!! 고양이는 오히려 낯선 환경으로 나갈 때 신경이 더 예민해진다고 했지. 내가 또 실수해버렸네. 다음번엔 차라리 설희의 말에 더 집중해보자."라고 생각할 수 있다.

막연할 수 있지만 이렇게 지식으로나마 상대를 한 차례 이해해보는 것은 자기중심적인 관점에서 벗어나 상대 입장에서 생각해 볼 수 있을 가능성을 제시해준다.

게다가 이렇게 자신의 행동을 한차례 되돌아본 이후에도 또다시 이러한 상황이 발생될 수 있다. 또 강아지 루카는 자신도 모르게 또다시 밖으로 나가 산책하자고 조언할지도 모른다는 것이다.

하지만 그래도 괜찮다. 아마도 또다시 그러한 상황이 벌어지면 고양이 설희는 루카에게 말할 것이다. **"난 밖에 나가면 더 예민해진다고 했잖아."**

그리고 설희의 이러한 피드백에 루카는 또다시 자신의 잘못을 '자각'하게 될 것이다. 하여 다음에 또 같은 상황이 벌어졌을 땐 어쩌면 자신의 본능보다 설희의 습성에 대해 먼저 떠올릴 수 있을 확률을 더욱 높일 수 있을 것이다.

"내가 그런 말을 하면 안 되었는데. 다음에 또다시 이런 상황이 오게 되면 이렇게 말해보자."

이렇게 계속되는 시행착오를 반복하면서 강아지와 고양이는 서로가 서로를 더 잘 이해할 수 있는 확률을 높여가게 될 것이다. 그리고 이런 시행착오를 더 많이 쌓아가는 관계가 지속될수록 그들의 관계는 더욱 행복한 모습이 되어갈 것이다.

이 모든 것은 단순히 '작은 가능성'이 만들어낸 '나비효과'이다. 그리고 이렇게 고양이와 강아지가 서로 맞춰갈 수 있듯이 우리 남자와 여자도 이런 방법으로 더 맞춰갈 수 있다.

여러분은 이 책을 통해 여자의 본능에 대해 한 차례 이해하게 되었다. 그리고 그로 인해 여러분은 작은 가능성의 조각 하나를 얻게 되었다. 그리고 이 작은 가능성의 조각은 점점 더 여러분이 추구하는 행복의 방향대로 관계를 이끌 수 있는 결정적인 역할을 하게 될 것이다.

그리고 또 한 가지. 이 작은 가능성을 시작으로 더 많이 시행착오를 반복해도 좋다. 심지어 그 시행착오로 인해 크게 다투어도 상관없다. 이 책의 뒷부분에서 다룰 '잘 싸우는 방법'에서 더 자세히 말하겠지만 크게 다툰 이후에 잘 화해할 수 있으면 된다. 그리고 화해하는 과정에서 또다시 상대방의 마음을 이해해보려 노력해보면 된다. 오히려 그러한 시행착오가 관계를 더 행복한 방향으로 이끌 것이다.

왜 상대방이 그런 이야기를 했는지 이해하고자 생각해보자. 그렇게 작게나마 조금씩 상대의 마음에 공감해보면 된다. 그로 인해 여러분은 상대방과 내가 더 행복한 모습을 그릴 수 있는 확률을 높여가게 될 것이다.

만약 지금 이 책을 읽고 있는 분이 남자라면 축하한다. 이 책을 읽으면서 관계를 위해 노력하고 있음을 여자친구에게 적극적으로 알려도 좋다. 여자는 여러분의 그러한 노력으로 인해 자신이 사랑받고 있음을 느낄 수 있게 될 테고 그로 인해 이미 여러분과 여자친구의 관계는 더욱 행복한 방향으로 나아갈 수 있을 테니 말이다.

그리고 만약 지금 이 책을 읽고 있는 분이 여자라면 또 축하한다. 도무지 알 수 없었던 내 안의 불편한 감정의 정체를 깨달았을 테니 말이다.

지피지기면 백전백승이라고 한다. 나를 알고 상대방을 알면 반드시 승리한다는 것인데 마찬가지다. 나를 알고 상대방에 대해 안다면 남녀 관계는 분명 더 행복한 방향으로 나아갈 수 있을 것이다. 그 가능성을 여러분이 믿고 나아갈 때 반드시 그렇게 될 것이다.

* 지금 연애 중 또는 결혼 생활을 이어가고 있는 남자에게

자, 지금 썸녀, 여자친구 또는 아내가 있는 남자라면 반드시 기억하길 바란다.

여자는 사랑받고 싶은 동물이다. 사랑받음을 느낄 때 여자는 살아 있음을 느끼게 되고, 정서적 유대감을 더 깊이 쌓아갈수록 여자는 더욱더 빛나게 된다.

만약 여러분의 눈에 여자의 행동이 잘못되었다고 판단될지라도 그 문제에 대해 지적하기보다 오히려 여자의 편에 서서 그 마음에 먼저 공감

해주길 바란다. 왜냐면 여자도 자신의 문제를 이미 잘 알고 있기 때문이다.

여자가 자신의 문제를 알고 있음에도 당신에게 모든 것을 이야기하는 이유는 남자친구로서, 그리고 남편으로서 당신을 깊이 믿고 있기 때문이다. 그렇기에 그저 투정 부리고 싶은 것이다.

내 남자에게 투정 부려야지 다른 남자에게 투정 부린다면 아마도 당신역시 기분이 좋지 않을 것이다. 특권으로 생각하고 차라리 그 순간을 즐겨보는 것은 어떨까?

여자의 투정을 특권으로 느낄 수 있을 때 남자로서 더 인정받을 수 있음을 반드시 깨달아야 한다. 그리고 그렇게 여자의 감정에 공감하고자 하는 노력이 관계 안에서 번져갈 때 여자는 더욱더 빛나게 된다.

그리고 내 여자가 빛날수록 오히려 당신이 빛나리라는 것을 반드시 깨달았으면 한다.

(이 글을 읽고도 무시하는 남자가 있다면 분명 당신에게 관심이 없는 남자임이 틀림없다.)

03.

남자는
칭찬받고 싶고
독특하다?

남자는 칭찬받고 싶어 한다

이번엔 남자의 본능에 대해 더 이야기해 보자. 흔히 우스갯소리로 남자는 다섯 살 먹은 아이나 다 큰 어른이나 똑같다고 표현하곤 한다. 솔직히 20대 때 나는 이 말에 공감하지 못했던 것 같다. 하지만 30대를 살아가며 지금 이 책을 쓰고 있는 현재는 누구보다도 이 말에 대해 깊이 공감하고 있다. 다섯 살짜리 어린 남자아이나 30대를 살아가고 있는 청년이나, 인생의 황혼기를 보내고 있는 70대의 할아버지나 한 가지 같은 심리를 품은 채 삶을 살아간다. 그리고 이 심리를 가리켜 나는 '남자는 칭찬받고 싶은 동물'이라 표현한다. (대중적인 표현이기도 하다.)

내가 이러한 깨달음을 얻을 수 있었던 계기 한 가지가 있다. 20대 중후반 무렵 나는 대학교 졸업을 앞두면서 동시에 은행 로비 매니저로 근무하고 있었다. 당시엔 하루빨리 이 지긋지긋한 일상에서 벗어나고 싶다는 생각뿐이었는데 지금 돌이켜보면 그때 경험치로 인해 나의 통찰력은 더 깊어졌다고 생각한다.

은행은 '돈'이 직접적으로 모이는 공간이다. 하여 나이, 직업, 성별을 불문하고 정말 다양한 사람이 모이는 공간인데 특히 나이 많은 노인분들이 많이 모이는 공간 중 하나이다. 정말 하루도 안 빠지고 출근 도장을 찍으시는 분부터 하여 정기적으로 혈압 체크하러 오시는 할아버지까지 다양한 노인들을 만나면서 그들과 심도 깊은 대화를 나눌 수 있었다.

특히 한 할아버지에 대해서는 지금까지도 죄송한 마음과 감사한 마음이 공존하며 그분을 기억하고 있는데 로비 매니저로 근무하는 약 1년 6개월 동안 내 주된 말동무가 되어주신, 당시 해당 은행이 임차해 있던 건물 관리자 할아버지였다. 그리고 당시 할아버지 연세는 74세였다.

로비 매니저로 근무하면서 그 74세 할아버지와 참 많은 대화를 나누었다. 그리고 그때 나는 격하게 공감하게 된 것 같다. '남자는 애나 어른이나 똑같다'는 이 말을 말이다.

아! 오해하진 말았으면 하는데 지금 내가 이러한 표현으로 그때를 회상하는 것은 당시 대화를 나누던 74세의 할아버지가 철이 없었다는 이야기를 전하고자 하는 것은 절대 아니다.

오히려 그 할아버지와 대화를 나누면서 지금은 경험할 수 없는 그 시대의 분위기를 간접적으로 엿볼 수 있었다. 특히 내가 인간관계에 대한 깊은 이해를 추구할 당시 이 74세 할아버지와 나눈 대화를 지속적으로 떠올리곤 했는데 그 안에서 큰 영감을 받기도 했다.

그럼 도대체 나는 무엇 때문에 '남자는 애나 어른이나 같다'라고 생각하게 되었을까?

바로 아무리 나이가 많은 할아버지라도 한때 잘나가던 시기를 회상하며 스스로가 대단한 사람이라는 것을 증명하고 싶어 하는 그 심리.

5세 어린 남자아이가 잘 걸어가고 있던 그 길을 이탈하면서 화단 위로 올라가 마치 슈퍼맨이 된 듯한 자세로 뛰어내리던 그 모습, 그리고 그 안에 담긴 심리. (한때 태권도 사범을 하면서 다섯 살 어린아이들을 인솔하던 그때 보았던 장면이다.)

30세의 내가 행복한 가정을 꾸리겠다며 나의 가치를 높이고자 시간을 집중하고 내가 더 중요한 사람이 되고 말겠다며 이를 악물고 있는 이 심리.

이 모든 것이 가리키는 방향은 결국 딱 한 가지였다. 그리고 나는 이 공통된 특성 한 가지를 가리켜 이렇게 표현한다. **'남자의 영웅심리'라고 말이다.**

나는 유튜브 '드리밍레오니즘'을 통해 남자의 영웅심리에 대해 자세히 이야기한 적이 있다. (한때는 이 심리에 대해 적극적으로 콘텐츠를 펼쳐나가기도 했다.)

그리고 지금부터 이 책을 통해 남자의 영웅심리에 대한 메시지를 여러분에게 전하고자 하는데 이 '영웅심리'는 남자와 여자의 관계를 더욱 행복한 방향으로 끌고 가는 데 가장 핵심이 될 요소이다. 그러니 반드시 더 집중해서 정독해주길 바란다.

남자의 영웅심리가 죽어가는 이유

나는 유튜브를 통해 영웅심리 이론을 다루면서 몇 가지 결론을 내리게 되었는데 그것은 다음과 같다.

첫 번째, 남자와 여자의 관계는 여자가 리드할 수 있을 때 가장 행복하다. (나의 장모님은 항상 이런 비유를 하신다. 여인 천하라는 말이 있듯이 나라를 다스리는 건 '왕'이지만 그 왕을 다스리는 건 '여자'라고 말이다.)

두 번째, 남자의 영웅심리는 죽어가는 두 남녀의 관계를 다시 되살릴 수 있을 만큼 강력하다.

지금부터 남자의 영웅심리에 대해 더 깊이 이야기하도록 해보자.

남자의 영웅심리란?

남자는 칭찬받고 싶은 동물이다. 남자는 자신의 능력을 제공하여 어떠한 문제를 풀어내고 그로 인해 사람들에게 박수(존경/인정)받고 싶다는 본능으로 삶을 살아가게 된다.

이 짧은 문장으로 남자의 '영웅심리'를 정의할 수 있겠다. 그리고 남자의 이 영웅심리에 대한 이해를 더 효과적으로 이끌어내기 위해 시간을 조금 더 멀리 거슬러 올라가 보도록 하겠다. 원시시대부터 현대까지 우리 인간이 어떻게 지금까지 진화해왔는지 살펴본다면 남자의 영웅심리의 본질이 무엇인지 더 분명하게 이해할 수 있을 것이다.

원시시대에 남자와 여자의 역할은 지금 현대보다 더욱 분명했을 것이다.

사냥을 통해 식량을 조달했어야 했던 원시시대엔 지금과 같은 대량생산 체계도 없었을 뿐더러 외부 위협으로부터 자신을 보호하기 급급했을 것이다. 외부 위협을 개척하기 위해 자연스레 인간은 집단생활을 이어가게 되었을 것이고, 특히 집단 안에서 외톨이가 되는 경우라면 자신의 생존을 지키기 불리한 상황에 처하게 되었을 것이다.

그리고 집단 안에서 더 효과적으로 자신을 어필하기 위해서는 분명 자신이 필요한 존재라는 것을 증명해내었어야 했을 것이다.

다시 정리해보면

1) 원시시대에 식량은 생존 그 자체였다.

2) 원시시대엔 외부 위협으로부터 생존하기 위해 인간은 집단생활을

이어가게 되었을 것이다.

3) 집단 안에서 쫓겨나게 된다면 분명 생존에 치명적이었을 것이다.

4) 집단의 구성원으로 인정받기 위해서는 반드시 자신이 필요한 존재라는 사실을 증명했어야 할 것이다. 남자든 여자든 말이다.

5) 원시시대에 남자와 여자의 역할은 현대보다 더욱 분명하게 구분되었을 것이다.

그리고 상대적으로 몸집이 크고 힘이 센 남자의 역할은 외부 위협으로부터 집단을 보호하고 사냥을 통해 식량을 조달하는 역할을 맡았을 것이다. 그리고 더 안전하고 효과적으로 이 집단을 지켜낼 수 있는 강인한 능력을 가진 남자라면, 분명 집단 안에서 가장 인정받는 인물이 되는 분위기였을 것이다.

(그리고 여자는 내부적으로 가정을 돌보는 역할에 더 집중했을 것이다.)

특히 식량 조달은 생존과 직결되는 문제였기 때문에 몸집이 더 크고 힘이 센 남자가 여자의 인기까지 독차지했을 것이다. 하지만 그와 반대로 비교적 왜소하고 힘이 약한 남자는 아마도 남자로서 역할을 제대로 수행하지 못해 집단에서 배척될 확률이 높았을 것이다. 게다가 여자에게 선택받지 못할 확률이 높아 가정을 꾸릴 기회조차 얻지 못해, 자연스레 생존에 치명적이었을 것이다.

이러한 시대적 배경으로 인해 남자는 본능적으로 자기 능력을 증명해내야만 한다고 생각했을 것이고 그러한 생각은 지금까지도 유전자 깊은 곳까지 각인되었을 것이다.

하지만 이러한 원시시대의 특징은 현시대로 거슬러 올라오면서 모든 것이 변화하게 되었다.

원시시대에 생존과 직결되었던 능력은 현시대에 와서 더 이상 생존과 직결되는 능력치가 아니게 되었다. 오히려 남성으로서의 강인함보다 지적 능력으로 인한 '높은 연봉'이라는 능력치가 자본주의에 최적화된 가치가 되었다.

남자의 본능에 저장된 데이터는 남자로서 자신의 역할을 증명해야만 한다고 말하고 있는데 현시대는 더 이상 남자의 강인한 신체적 특징은 생존을 지키기 위한 능력치가 아니라고 말하는 시대가 된 것이다.

남자의 본능은 이러한 현실에 지금까지도 적응하지 못하고 있다. 계속해서 자신의 능력을 증명해내야지만 선택받을 수 있다고 느끼고 있고 강인한 신체 능력이 아니라고 하더라도 그 외 다른 방법으로라도 자신의 능력을 증명해내겠다는 생각 회로가 작동되고 있다.

하지만 현시대에 와서 남자의 이러한 본능은 오히려 여자에게 선택받을 확률까지 갉아먹고 있다. 흔히 남자의 허세라고 하는 말로 이러한 본능이 표현되고 있고, 오히려 이러한 본능을 통제할 수 있는 남자야말로 더 높은 점수를 받게 되는 시대가 된 것이다. (겸손)

이것이 바로 남자는 칭찬받고 싶은 동물이라는 표현의 실체이다. 생존이라는 문제를 더 이상 남자가 책임져야 하는 시대가 아니게 된 것에서부터 모든 문제가 시작되게 되었다고 하더라도 과언이 아니다.

하지만 남자의 이러한 본능을 가리켜 무조건 네가 잘못되었다고 지적할 수만도 없다. 왜냐면 남자의 이러한 본능은 생존에 최적화된 방향으로 계속 진화되어왔기 때문이다. 오히려 남자의 본능이 생각하기에 이는 굉장히 억울할 수 있다.

진화론에서 보면 우리 인간의 진화는 상당히 긴 시간에 걸쳐 천천히 진화되었다고 한다. 감히 인간의 생각으로는 짐작조차 하지 못하는 시간 동안 아주 천천히 말이다. 하지만 현시대는 우리 인간이 지금까지 경험해보지 못한 속도로 가파르게 변화하고 있다. 지난 수백 년 동안 우리 인간은 너무나도 빠른 변화를 맞이한 것이다.

생각해보아라. 분명 불과 몇백 년 전만 하더라도 인간이 하늘을 나는 것은 결코 상상하지 못했다. 하지만 우리는 지금 전 세계를 넘어 우주여행의 꿈까지 꾸고 있다.

어쩌면 인간의 생각으론 100년이라는 시간도 너무나도 긴 시간이기 때문에 잘 와닿지 않을 수 있다. 그렇다면 조금 더 최근 이슈로 보았을 때, 불과 몇십 년 전까지만 하더라도 내 손 안에서 은행 업무를 보고 전 세계와 소통하는 이러한 시대를 절대 상상하지 못했다.

이처럼 과거엔 생각하지도 못했을 법한 편리함이 가득한 시대가 되었고 그로 인해 많은 것들이 바뀌게 되었다.

하지만 우리 인간의 본능은 그 변화에 아직도 제대로 적응하지 못하는 상태로 남아 있는 것 같다. 즉 아직도 우리의 본능은 원시시대에서 크게 벗어나지 못하고 있는 것이다. 왜냐면 우리의 본능은 지금까지 수천, 수억 년에 걸쳐 생존에 최적화된 상태로 아주 천천히 진화해왔기 때문이다. 그렇기에 무조건 남자의 이러한 본능이 잘못되었다고 말할 수 없다. 오히려 남자의 이러한 본능에 조금은 감사해야 할지도 모르겠다. 왜냐면 남자의 이 본능이 존재했기 때문에 우리 인간은 지금까지 생존을 지켜왔기 때문이다. 하지만 그렇다고 무작정 남자의 본능만을 우선순위로 둘 순 없다. 왜냐면 시대는 분명 변화했기 때문이다.

그렇다면 도대체 현시대에서 남자의 이러한 본능은 어떻게 충족시킬 수 있을까? 아니 최소한 남자와 여자가 더 잘 관계를 형성할 수 있으면서 남자의 본능도 존중받고 또 여자가 더 행복할 수 있도록 타협할 수 없는 것일까?

이 질문의 답에 접근해볼 수 있는 실마리 하나가 있다. 바로 "남자는 칭찬받고 싶은 동물이다."라는 이 문장이다.

이 한 문장에는 관계를 위한 모든 비밀이 담겨 있다. 왜냐면 남자의 이 인정받고 싶은 본능은 현시대에서 '칭찬'이라는 형태로 대체되었기 때문이다.

생존을 지키기 위해 반드시 필요한 능력자는 아니더라도 최소한 내가 능력이 있는 사람이라는 것을 증명하고 싶다는 생각이 작동되면서 칭찬받고 싶다는 본능으로 대체된 것이다.

그리고 뒤에서 더 자세히 이야기하겠지만 이러한 칭찬은 또다시 2가지 형태로 나뉘게 된다.

1) 남녀 관계 안에서 충족되는 칭찬

2) 사회, 집단 안에서 충족되는 인정, 존중으로 말이다.

* 남자의 본능은 결국 자신이 누군가에게 중요한 사람이 되고 싶다는 생각에서부터 시작된다.

남자의 영웅심리를 구성하는 3요소

남자의 영웅심리는 총 3가지로 구분되게 된다.

1. 제공자의 욕구

2. 존중의 욕구

3. 성취의 욕구

앞서 원시시대의 배경을 바탕으로 남자의 영웅심리를 이해해보았다. 정리해보면 남자의 영웅심리는 앞의 3가지 본능이 동시다발적으로 충족되게 되면서 궁극적으로 만족감을 느끼게 되는 것이다. 그리고 이 영웅심리가 충족될 때 남자는 섹스보다 더 큰 자극을 느끼게 된다.

잘 이해가 되지 않는다면 썸 타는 시기의 남자의 모습을 생각해보면 이해가 빠를 것이다. 썸 타는 시기야말로 남자가 영웅심리를 달성해내고자 모든 관심과 노력을 기울이는 대표적인 시기이다. (일부 남자는 영웅심리를 달성하고자 하는 쾌락에 중독된다. 그래서 여자의 마음을 얻기까지 과정에 몰입했다가 마음을 얻어낸 이후 곧바로 마음이 시들해진다. 이는 영웅심리의 3가지 본능 중 '성취의 욕구'로 심리가 편향되었기 때문이다. 영웅심리는 3가지의 본능이 균형을 이룰 때, 가장 건강한 상태라고 할 수 있다.)

썸 타는 시기에 남자는 모든 생각을 여자에게 몰입하게 된다. 무슨 일을 하더라도 여자 생각만 나서 일에 집중할 수 없고 여자의 말 한마디, 행동 하나하나에 수많은 의미를 부여하게 된다. 그러면서 온 일상의 초점이 여자에게로 향하는 시기가 바로 썸 타는 시기의 남자의 모습이다.

이에 대해 황농문 선생님의 저서 『몰입』에서 보면 인간의 뇌는 몰입을 하는 것만으로도 행복한 감정을 느끼게 된다고 한다. 생각과 모든 신경을 집중하여 몰입 상태에 이르게 될 때 뇌에서는 도파민이라는 호르몬을 분비하게 된다고 하고, 이 도파민은 우리가 행복한 감정을 느끼게 만드는 대표적인 호르몬 중 하나이다. 즉 이러한 몰입의 원리로 볼 때 남자가 여자의 마음을 사로잡겠다는 생각에 몰입하는 것 자체로 행복한 감정을 느끼게 된다는 것이다. 아마 썸을 한 번이라도 타 본 사람이라면 지금 이 말이 무엇을 가리키는지 바로 알 수 있을 것이다.

자, 다시 돌아와서 이 썸 타는 시기에 남자의 영웅심리가 어떻게 작동되게 되는지 하나하나 분석해보자.

첫 번째는 제공자의 욕구이다. 썸 타는 시기에 남자는 여자에게 계속해서 무언가를 제공하고자 노력한다. 그리고 가장 먼저 여자에게 제공할 수 있는 남자의 무기는 '시간'이다. 남자는 자신의 하루 24시간의 대부분을 여자에게 제공하고자 생각 회로를 작동한다. (다르게 표현하면 여자에게 자신의 시간을 바치는 것이다.)

당연하게도 모든 관심이 맞춰진 상태이니 스스로 능동적 몰입 상태까지 이어가게 되는 것인데 이를 통해 남자는 궁극적으로 여자의 마음을 얻고 싶다는 성취의 욕구까지 느끼게 된다.

또 썸 타는 시기에 남자는 여자에게 돈과 물질 공세를 적극적으로 펼치며 끊임없는 구애를 한다. 흔히 남자는 정말 마음에 드는 여자에겐 돈과 시간을 아끼지 않는다고 한다. 바로 그것이 남자가 제공자의 욕구에 몰입해 있다는 결정적인 증거이다. 그렇기에 이 시기에 남자는 데이트 비용을 내는 것을 전혀 두려워하지 않는다. 심지어 돈이 없다고 하더라도 어떻게든 데이트 비용을 마련하면서까지 계속해서 제공자가 되고자 노력하게 된다. (물론 남자마다 정도의 차이는 있을 것이다.)

남자는 계속 이어지는 제공자의 욕구를 충실하게 수행해내면서 궁극적으로 남자친구로서 인정받고 싶어 한다. 이는 여자에게 인정받고 싶다는 생각에 몰입하는 것이다.

그리고 이것은 영웅심리 3요소 중 두 번째, '존중의 욕구'에 해당하게 된다. 그렇게 남자가 제공자로서 삶을 몰입하던 중 어느 날 여자로부터 인정을 받게 되는 순간이 온다고 해보자. 썸이 끝나고 드디어 본격적으로 연애를 시작하는 그 시점에서 남자는 하늘을 나는 것과 같은 기분을 느끼게 될 것이다.

이 세상 모든 것을 다 가진 느낌으로도 다 표현하지 못할 만큼 강렬한 자극으로 인해 남자는 본능으로부터 충족되는 깊은 만족감을 얻게 된다. 그리고 남자는 또다시 다음 영웅심리를 달성하고 싶다는 생각까지 자연스레 이어가게 되면서 내 여자를 행복하게 해주고 싶다는 생각까지 또 자연스레 몰입하게 된다.

여자의 마음을 얻기 위해 끊임없이 제공자가 되길 자처했던 남자는 여자의 인정을 얻게 되는 순간 지금까지의 모든 노력을 보상받게 된다. 즉 제공자의 욕구와 존중의 욕구가 모두 충족되는 순간이고, 마지막 남은 성취의 욕구까지 100% 달성하게 되면서 궁극적으로 영웅심리를 완성하게 된다. 그리고 이루 말할 수 없는 짜릿한 감정이 남자를 황홀하게 만들고 또다시 다음 영웅심리를 달성해내고 싶다는 목표까지 세우게 되면서 '내 여자를 행복하게 해주고 싶다는 다짐'으로 생각이 이어지게 된다.

그리고 이렇게 영웅심리가 완성되는 순간은 남자에게 있어 섹스보다도 더 큰 자극으로 다가오게 된다. 왜냐면 이는 남자에게 본질적인 욕구이면서 삶의 궁극적인 목표이기 때문이다.

여자가 마음을 받아주면서 인정받게 된 순간이야말로 남자에게 가장 행복했던 기억이 될 것이다. 왜냐면 궁극적으로 남자의 영웅심리가 관계 안에서 최초로 100% 완성되었던 순간이기 때문이다. 그리고 이를 조금 더 자세히 들여다보면 원시시대부터 이어온 남자의 본능이 100% 달성하게 된 순간이 바로 그 순간이다.

그리고 건강한 영웅심리를 가진 남자라면 또다시 여자와의 그 관계 안에서 새로운 영웅심리를 달성하고야 말겠다는 목표를 세우게 될 것이다. 그리고 그 목표는 이 여자를 평생 행복하게 해주고 싶다는 생각 자체일 것이다.

생각해보면 정말 권태로워 보이는 관계라도, 또는 이미 망가질 대로 망가져서 더 이상 가망이 없어 보이는 관계라도 이 썸 타는 기간에서 연애로 이어지던 첫 순간은 분명 있었을 것이다.

그리고 그 순간엔 분명 여러분의 남자도 이와 같은 패턴으로 똑같이 생각했을 것이다.

"이 여자를 평생 행복하게 해주고 싶다."라고 말이다. 하지만 지금 망가진 관계를 놓고 보자면 당신은 헛웃음이 날지도 모르겠다.

하지만 분명히 기억했으면 한다.

여러분과 남자친구의 관계 역시 이처럼 짜릿하면서도 황홀했던 첫 순간이 있었음을 말이다.

그런데 도대체 왜? 도대체 왜!? 이렇게 되어버린 것일까?

우선적으로 짚고 넘어갈 것은 모든 관계에서 발생되는 문제는 일방적일 순 없다는 것이다. 무슨 말이냐면 관계 안에서 발생되었던 모든 문제는 100% 남자의 잘못도 아니고, 100% 여자의 잘못도 아니라는 것이다.

"아닌데요? 저는 관계 안에서 최선을 다했어요."

맞다. 분명 최선을 다했을 것이다. 소중한 관계였던 만큼 최선을 다하지 않았을 리 없다.

하지만 반대로 묻고 싶다. 그 최선이 정말 최선이었는지?

"누구의 기준에서 어떤 최선이었는지 말이다."

남자와 여자의 차이는 앞서 고양이와 강아지가 다른 만큼 서로 180도로 다르다고 강조했다. 특히 앞의 문제는 이 '차이' 때문에 발생 되는 대표적인 문제이기도 하다. 그리고 대부분 이것이 문제인지도 모른 채 지나가게 된다.

만약 그 사람과의 관계가 끝이 나서 또다시 새로운 관계가 시작된다고 하더라도 또 그 안에서 반드시 이 '차이'로 인한 문제가 똑같이 발생하게 된다. 그리고 또다시 상대방과의 관계는 아픔으로 물들게 된다. 마치 지난 만남에서 반복되었던 그 아픔이 또다시 이 사람과의 만남에서 재현되는 것처럼 말이다.

나는 나에게 사연을 보내주는 사연자나 상담을 요청하는 내담자에게 항상 이런 말을 전했다. 서로 사랑하기에 각자의 방식대로 사랑을 표현하지만, 그 사랑이 상대에게 전해져 비수가 되고 그로 인해 상대방의 가슴에 상처를 낸다고 말이다.

즉 여러분이 최선이라고 생각했던 그 사랑의 표현은 상대방이 받아들이기에 자신의 가치를 훼손하는 무언가로 작용할 만했고, 상대방은 처음엔 그것을 하나씩 사랑의 힘으로 극복하고 받아들이며 인내하고자 했다. 그러나 흔히 사랑의 유통기한이라고 하는 2년이라는 시기가 지나는 시점에 문제는 발생하게 되었다. 처음 관계를 단단히 연결해주었던 사랑의 끈이 결국 헐거워지기 시작한 것이다. 그리고 그로 인해 관계의 적신호는 점점 선명해지기 시작했다.

"지금 무슨 말씀을 하시는 거예요? 저는 정말 최선을 다했고 항상 상대의 입장에서 생각해보려고 노력했는데 상대는 제 생각을 전혀 해주지 않았어요. 저는 잘못이 없다고요!!!"

그렇다면 한 가지만 질문해보겠다.

그 사람이 진정으로 듣고 싶었던 말 한마디는 무엇이었을까?

그리고 여러분은 그 사람이 듣고 싶었던 말 한마디를 진심으로 전한 적이 있었는가?

만약 이 질문에 모두 Yes라고 답했다면 두 손 모아 진심으로 사과드리겠다. 죄송합니다.

하지만 남녀 관계에서 대부분의 문제는 여기서 발생하게 된다. 그리고 앞서 말했듯이 대부분 문제 자체를 인지하지 못한 채 관계를 이어 나가다 점점 다툼이 반복되게 되고 점점 좁혀지지 않는 차이가 관계 안에서 선명해지면서 결국 관계 자체가 지옥으로, 아픔으로 변해버리게 된다.

앞서 썸 타던 시기를 예시로 들면서 남자의 영웅심리에 대한 이해를 도왔다. 남자는 여자에게 인정받게 된 순간 내면에 있는 영웅심리라는 본능을 완성할 수 있었다. 그리고 그로 인해 하늘을 날아갈 듯한 짜릿한 감정으로 남자는 황홀함을 만끽할 수 있었다. 그리고 다시금 이 여자를 행복하게 해주고 싶다는 목표를 설정하게 되면서 그 목표를 중심으로 남자는 또다시 생각하고 판단하며 움직이기 시작했을 것이다.

자, 다시 한번 남자의 영웅심리를 토대로 썸 타는 시기를 생각해볼 건데 이 썸 타던 시기에 남자는 적극적으로 제공자가 되고자 했다. 왜냐면 이 여자에게 인정받고 싶다는 목표 하나로 스스로 제공자가 되길 자처했던 것이다.

그리고 여기서 강조하는데, 나는 이 영웅심리 3요소 중에 '1) 성취의 욕구, 2) 존중의 욕구, 3) 제공자의 욕구' 가장 중심이 되는 핵심 가치는 바로 **'2) 존중의 욕구'**라고 확신한다.

남자는 칭찬받고 싶은 동물이다. 그래서 남자는 남자친구로서, 그리고 남편으로서 가장 이루고 싶었던 한 가지는 바로 여러분으로부터 얻어낸 존중의 표현이었을 것이다.

음…. 존중의 표현이라고 하니 잘 와닿지 않을 수 있겠다. 다시 한번 표현해 볼 건데 남자가 여러분과의 관계에서 궁극적으로 얻고 싶었던 한 가지 가치는 바로 '칭찬받고 싶다는 것'이었다.

존중받고 싶은 마음을 다시 표현해보면 바로 **여러분의 칭찬 한마디**이다.

그렇기에 남녀 관계에서 대부분의 문제는 이 칭찬의 표현으로 치료할 수 있다. 그리고 이 칭찬은 언어로 표현될 수도 있겠지만 그게 아니더라도 여러분이 기뻐하며 행동하는 무언가일 수도 있고, 또 여러분이 웃으면서 진심으로 행복해하는 표정일 수도 있다.

남자는 단순히 그것을 위해 생각 회로가 작동되었던 것이며, 그것을 위해 여러분에게 제공자가 되어주고 싶었던 것이다.

하지만 관계가 지속될수록 남자의 이 마음은 좌절되게 된다.

처음엔 여러분 역시 그와 함께 있는 것 자체가 즐겁고 행복하기에 그에 따른 자연스러운 모습이 표현되었을 것이다. 이를테면 행복하게 웃고 있는 여러분의 표정, 그리고 들썩이는 어깨로 인해 '나 지금 너무 즐거워요.'라고 하는 표현이 직·간접적으로 남자에게 전해졌을 것이다. 그리고 그로 인해 남자의 영웅심리는 충족될 수 있었다.

그런데 어느 날 관계 안에서 문제는 발생하게 된다. 단순한 오해였던 작은 사건이 점점 감정싸움으로 번지면서 크게 싸우게 되고, 그로 인해 여러분의 표정엔 미소 대신 분노 가득한 눈빛만이 남게 되었다.

예를 들어 여자가 남자에게 연락을 더 자주 해달라고 요청하는 상황이라고 가정해보자.

처음엔 남자 역시 내 여자에게 제공자로서 역할을 충실히 해내고야 말겠다는 다짐으로 인해 더 연락에 신경 써야겠다고 동기부여 했을 것이다. 하지만 앞서 설명했듯이 연락에 더 힘써 달라는 이 표현의 본질을 놓고 본다면 그 안에 담긴 '불안의 감정'이 핵심일 것이다.

하지만 남자는 이를 인지하지 못하고 계속 연락의 빈도만을 높이고자 몰입하게 된다. 왜냐면 단순히 연락을 더 많이 하면 내 여자가 관계 안에서 더 행복할 것이라고 믿기 때문이다.

하지만 남자의 이 노력과는 다르게 여자는 점점 더 불안해한다. 남자는 그럴수록 연락을 더 자주 하고자 노력하기도 하지만 때로는 연락하지 못하는 불가피한 상황에 직면하게 되면서 문제가 발생되기도 하고, 또 잦은 연락에도 꺼지지 않은 여자의 불안이 남자에게는 풀리지 않는 어떠한 문제로 다가가게 될 것이다. 그리고 남자가 생각하길 이 여자가 그다지 행복해 보이지 않는다고 생각하게 되면서 한 차례 관계 안에서 좌절하게 된다.

게다가 점점 더 불안해 보이고 그로 인해 점점 더 불행해 보이는 여자의 모습으로 인해 남자는 관계 안에서 지속적으로 좌절감을 맛보게 되면서 점점 자존감이 내려가게 된다.

여기서 남자는 이 모든 상황이 내 능력 때문이라고 생각하는 것이다. 이것은 본능에서 주관하는 판단이기 때문에 단순한 조언으로 그렇게 생각하지 말라고 말하는 것은 아무런 의미가 없다.

남자의 그 모습을 누가 보더라도 지금 부정적인 감정에 휩쓸렸다고 판단할 테지만 오히려 남자 스스로 생각하기엔 이 판단은 지극히 이성적인 판단이라 믿고 결론지어 버린다. 왜냐면 앞서 말했듯이 남자의 본능에서 이미 판단하여 결론을 내려버렸기 때문에 이 상황에서 이성적인 조언은 아무런 역할을 할 수 없는 것이다.

그리고 이 판단을 끝으로 남자는 자신의 능력을 더욱 키워야만 한다고 결론지어 버린다.

더 높은 연봉으로 무언가를 더 제공하여 누릴 수 있게 하면 이 여자가 행복할 수 있지 않을까? 하는 생각으로 자연스레 연결되는 것이다.

이렇게 생각 회로가 작동되게 되면서 두 사람 관계는 1차 비상경보가 울리기 시작한다. 그런데 이 비상경보는 실제 비상 경보음처럼 우리가 직관적으로 알아차릴 수 없다. 조용하게 그리고 은밀하게 관계를 좀먹기 시작하는 것인데 대부분의 남녀는 그것을 인지하지 못한다.

이 비상경보가 발동되었다는 것을 알아차리기 위해서는 결국 상대방이 내게 전하는 말과 행동을 분석하고 추론해서 내가 직접 판단해야 하는데 남자와 여자는 서로를 이해하며 공감할 수 없으니 추론은커녕 오히려 점점 변해가는 상대방을 탓하기 시작한다.

그리고 그렇게 관계는 점점 더 아픔을 향해 달려가게 된다.

점점 불행해져 가는 여자의 모습을 보고 남자는 점점 더 크게 좌절하게 된다. 자신이 무능력하다고 생각하고 점점 잦아지는 다툼 속에서 남자는 이렇게 생각하게 된다.

도무지 풀리지 않는 이 문제를 더 이상 견뎌낼 수 없겠다고 말이다. 그리고 관계 안에서 더욱 좌절하게 된다. 하지만 이때도 남자의 영웅심리는 계속 작동하게 된다. 왜냐면 남자에게 이 본능은 삶의 이유 그 자체니까 어떤 이유에서도 이 영웅심리는 꺼지지 않고 작동한다. 어쩌면 너무나도 당연한 이치이다.

자. 그럼, 여기서 여러분 스스로 한번 생각해보길 바란다.

남자의 삶의 이유이자 궁극적인 목표인 이 영웅심리가 관계 안에서 달성될 수 없겠다고 확신하게 되는 순간 이 영웅심리의 초점은 어디로 향하게 될까?

분명 영웅심리의 초점은 점점 관계 밖으로 향하게 될 것이다.

처음 썸 타는 시기부터 작동되어 지금까지 관계 안으로 초점이 맞춰졌던 영웅심리가 이제는 관계 밖으로 초점을 이동하여 움직이고자 하는 것이다. 점점 사회적 성공, 명예, 지위, 부를 초점으로 이 영웅심리가 이동하게 되면서 남녀 관계에 쏟는 에너지는 점점 작아지게 된다.

이는 남녀 관계에 있어 절대 긍정적인 신호일 리 없다. 관계는 계속 경보음으로 인해 적신호가 커지게 되고 점점 최악의 상황으로 이어지게 된다.

하지만 이 경보음을 우리는 눈치 채지 못한다. 대부분 남자의 영웅심리 초점이 관계 밖으로 이동했다는 사실조차도 자각하지 못한 채 도무지 풀리지 않는 문제를 놓고 두 사람 모두 좌절하게 된다.

더 큰 문제는 남자 스스로도 이 영웅심리가 관계 밖으로 초점이 틀어졌다는 사실을 인지하지 못한다. 왜냐면 이성이 아닌 본능에서 그렇게 판단하여 움직인 것이기 때문이다

그저 남자 스스로 생각하길 내 능력이 커지면 당연히 관계 안의 문제는 자연스레 해결될 것이라 착각하기 시작하는 것이다. 그리고 남자는 이것이 관계를 위한 노력이 분명하다고 생각하게 된다. 남자 스스로 생각하길 '나는 관계 안에서 정말 최선을 다했다.'라고 생각하는 것이다. (이는 분명 남자의 사랑 표현이 분명하다. 하지만 여자는 그것을 바란 적이 없다.)

남자 자신도 모르게 점점 이 영웅심리의 초점이 관계 밖으로 향하면서 자연스레 착각하게 된 것이다. 하지만 여자가 바라는 사랑은 오히려 내 감정에 공감해주고 내 이야기를 들어주길 바란다. 썸타던 시기처럼 남자의 마음이 자신에게 향하길 바라는 것이다.

하지만 애석하게도 점점 멀어지는 것 같은 남자의 모습을 보고 여자는 좌절하고 관계는 그렇게 오해의 늪으로 빠지게 된다.

이는 남자와 여자 두 사람 모두 관계를 소중하게 생각한다는 전제하에 이야기를 이어간 것이다. 즉 남자도 이 여자와의 관계를 소중하게 생각하기 때문에 이 관계를 더 견고히 지키고자 스스로의 능력을 키우기로 결심한 것이다.

여자도 마찬가지다. 이 관계가 소중하기에 남자의 관심을 계속해서 요구하는 것이다.

하지만 여자의 사랑이 남자에게 전해지면서 이렇게 해석하게 된다.

"이 여자는 나와 만나서 불행한 것 같아."

그리고 그렇게 좌절하는 남자의 모습을 보면서 여자는 이렇게 생각하게 된다.

"이 남자는 나와 더 이상 대화조차 하고 싶지 않은 것 같아."

서로가 서로를 소중한 존재로 생각하지만, 그 사랑이 깊어질수록 관계는 점점 더 멀어져간다. 이것이 우리 남녀 관계가 지옥이 될 수밖에 없는 근본적인 원인임에도 대부분 이 문제의 본질조차 보지 못한 채 관계를 이어가게 된다.

남자와 여자의 관계는 우리의 행복과 직접적으로 연결되는 가치가 분명하다. 왜냐면 우리의 삶은 남녀 관계로부터 시작했고, 또 남녀 관계로 삶을 끝내기 때문이다. 그렇기 때문에 남녀 관계는 우리의 삶과 직접적으로 맞닿아 있는 소중한 가치임이 분명하다.

하지만 우리가 오른손의 존재를 소중한 것으로 자각하지 못하듯이 때

때로 남녀 관계를 소중한 것으로 자각하지 못하는 것 같다. 그리고 역설적이게도 너무나도 소중하고 당연한 존재이기 때문에 우리는 그 소중함을 굳이 자각하지 않으려 하는 것 같다.

왜냐면 그럼에도 분명 내 곁에 있을 것이 분명하기 때문이다.

하지만 반드시 이 소중함을 자각해야 한다. 그래서 남녀 관계에 대해 더 공부하고 그로 인한 시행착오를 거치고자 노력해야 한다.

다음 장에서는 남자의 이 영웅심리가 어떻게 관계 안에서 행복을 가져다줄 수 있는지 이야기하고자 한다. 남녀 관계 안에서 이 영웅심리는 양날의 검과 같다. 이 영웅심리의 초점이 관계 밖으로 향하고자 한다면 분명 그 관계를 잘라내 버릴 수 있는 명검이 되기도 하지만 반대로 이 영웅심리의 초점이 두 사람 관계 안으로 향한다면 관계를 지키기 위한 또 다른 명검이 되어 외부의 적들을 물리칠 수 있는 강력한 무기가 되기도 하니 말이다.

다음 장에서는 이 영웅심리라는 명검을 어떻게 내 손에 쥘 수 있는지?

그리고 그로 인해 어떻게 더 행복한 관계를 이어 나갈 수 있는지 이야기하고자 한다. 심지어 이 방법은 지금 이미 망가져 버린 관계에서조차 심폐소생술을 하여 다시금 살아 있는 관계로 나아갈 수 있는 길을 제시해줄 것이다.

마음껏 기대하며 다음 장의 메시지를 내 삶에 직접 대입해 보길 바란다.

04.

10%의 여자가
남자의 영웅심리를
이용하는 방법

'결혼은 지옥이다.'라는 말의 실체

확신하는데 남자의 영웅심리야말로 남자와 여자의 관계를 더 행복한 방향으로 이끌어줄 수 있는 유일한 매개체이다.

남자와 여자는 근본적으로 말이 통하지 않는다. 하지만 표면적으로 볼 때 남자와 여자는 서로 소통하는 데 큰 문제가 없어 보인다. 그것도 그럴 것이 만약 표면적으로 볼 때도 남자와 여자가 서로 소통이 되지 않는 모습이라고 한다면 이 사회의 모습은 어쩌면 지금과 180도 다른 모습이었을지 모른다.

예를 들어 서비스업의 경우 그 가치가 더욱 빛이 났을지 모른다. 서비스업의 특성상 강아지와 고양이처럼 전혀 다른 남자와 여자 모두를 상대해야 하기에 필수적으로 남자와 여자에 대한 공부가 필요했을 것이다.

(어쩌면 여성 커뮤니케이션 1급 자격증, 남성 커뮤니케이션 1급 자격증과 같이 남녀 관계에 대한 전문 자격증까지 생겨났을지 모른다.)

왜냐면 강아지가 고양이에게 서비스하기 위해서는 영역 동물인 고양이의 특성을 알아야 하기 때문이고 도무지 강아지의 생각으로 이해되지 않는 어떠한 행동의 경우엔 아예 매뉴얼로 정해두어 고양이가 특정 행동했을 때 강아지는 이렇게 반응해주어야 한다고 아예 못 박아두었을지 모른다.

이처럼 남자와 여자가 아예 표면적으로도 소통이 되지 않았다면 우리 사회는 지금과는 전혀 다른 모습이었을지 모른다. 그리고 어쩌면 남녀 관계는 지금보다 더 행복한 모습이었을지 모르겠다. 왜냐면 표면적으로도 서로 소통이 되지 않기에 남자는 여자와 대화하기 위해 필수적으로 여자와 소통하는 방법을 공부하고자 했을 것이고 (그것도 자발적으로 말이다.) 여자 역시 남자와 대화하기 위해 자신의 열과 성을 다해 공부했을 것이다.

어쩌면 이러한 공부가 가정 안에서 자연스레 이루어졌을지도 모른다. 왜냐면 가정이란 결국 남자와 여자가 함께 만드는 또 하나의 사회이기 때문에 그 안에서 아빠는 엄마를 위한 규칙과 매뉴얼을 정해두었을 것이고, 엄마도 아빠를 위한 규칙을 자연스레 정해두었을 것이다.

그리고 2세가 태어나면 가정 안에서 자연스레 이 규칙에 대해 교육받게 되었을 것이고 그 가르침에 따라 우리 자녀는 유치원에서, 그리고 초 · 중 · 고등학교에 진학하면서 자연스레 서로가 더 원만하게 소통하는 방법을 깨달았을 것이다.

이렇게 표면적으로(아예 대놓고) 남자와 여자의 차이가 분명히 드러났다면 우리 관계는 지금보다 더 행복한 모습이었을지 모르겠다. 어쩌면 '결혼은 지옥이다.'라는 이 표현보다도 '결혼은 희망이다.'라는 이 말에 더 공감하는 모습이었을지 모르겠다.

하지만 아쉽게도 현실 속 남자와 여자는 대화가 아주 잘 통하는 것처럼 보인다. 굳이 이 차이를 공부하지 않더라도 자연스럽게 연애를 이어갈 수 있고 심지어 가정을 꾸릴 수도 있다.

이 모습만 본다면 저자가 왜 이렇게까지 남자와 여자의 차이에 대해 강조하면서 굳이 남자와 여자를 둘로 가르려 하는지 이해가 가지 않을지도 모르겠다.

하지만 이 안일함이 지금의 현실을 만들었다고 생각한다. 단순히 남자와 여자가 연애하고 헤어지는 과정을 비극이라고 말하는 게 아니다. 오히려 진짜 문제는 결혼 이후의 삶이다.

한번은 그런 대화를 들은 적이 있다.

"요즘 100세 시대라고 하는데 어떻게 한 사람이랑만 100년을 살아요. 50대쯤 되었으니 이제 이혼하고 다른 사람도 만나보고 하는 거죠. 뭐."

이 이야기를 들었을 당시 내 나이는 겨우 31세였다. 그런 내가 이 대화를 이해하기란 쉽지 않았다. 하지만 분명한 건 내가 생각하는 결혼의 모습과는 다른 것이었다는 것이다.

당시 대화를 나누던 분들은 전부 50대였고 90%가 이혼한 상태였다. 그리고 서로 자신의 결혼 생활을 회상하길 정말 끔찍한 지옥이었다고 간증하는 것이다.

어쩌면 '결혼은 지옥이다.'라는 이 말의 실체를 내 두 눈으로 똑똑히 목격했던 첫 순간이었던 것 같다.

결혼 생활은 현실이라고 다들 말한다. 나 역시 이 말에 100번 동의한다. 결혼은 현실이다. 왜냐면 우리는 자본주의 체제 안에서 살아가고 있다. 과거 원시시대엔 식량을 구하는 문제가 생존과 직결되는 문제였다면 현시대는 가난이 생존과 직결되는 문제가 되었다.

과거 원시시대엔 가난이라는 개념 자체가 없었을 것이다. 오히려 생존하기 위해 집단생활을 이어가게 되었고 그렇기에 원시시대에서 결혼이란 생존과 직결되는 문제였을지 모른다. 하지만 자본주의 안에서 결혼은 더 이상 생존의 문제가 아니게 되었다.

함께 모여서 외부 위협을 개척했어야 하는 원시시대와는 달리 현시대는 문명이 발달하고 산업화가 이루어지면서 더 이상 외부 위협에 벌벌 떨지 않아도 되는 시대가 되었다. 오히려 과거에 생존을 위협했던 맹수들은 지금 현시대에 와서는 더 이상 두려운 존재가 아니게 되었다. 생각해보아라. 동물원 울타리 너머에서 맹수를 보며 흐뭇하게 웃어본 경험이 분명 있었을 것이다.

시대가 바뀌었다. 더 이상 인간은 집단생활을 하지 않아도 충분한 시대가 되었다. 개인주의는 대세가 되었다. 게다가 온라인이라는 공간 안에서 우리는 과거와 비교도 안 될 만큼의 집단생활을 이어가며 전 세계가 촘촘히 엮인 채 삶을 살아간다. 그러니까 현시대에 결혼은 선택의 문제이지 생존과 직결되는 필수사항이 아니라는 것이다.

그리고 여기서 더 심각한 문제는 가난의 기준이 점점 더 높아지고 있다는 것이다. 치솟아 오른 집값으로 인해 내 가정을 지킬 수 있는 기준은 더욱 높아졌다. 또 치솟아 오른 물가는 2세가 태어났을 때조차 벌벌 떠는 시대가 되었다.

이러한 이유만 보더라도 결혼은 현실이라는 말에 공감할 수밖에 없는 것 같다. 그리고 남자와 여자는 이 현실을 개척하기 위해 가정 안에서 힘을 합쳐야 한다.

하지만 지금까지 남자와 여자는 서로 소통하는 방법을 모른 채 삶을 살아왔다. 거기서부터 발생 되는 남녀 관계의 오류와 치솟아버린 현실의 문제가 더해지니 결국 '결혼은 지옥'이라는 이 말이 참 웃픈 현실이 된 게 오늘날의 현실이다.

다시 정리해보면 현시대는 남자와 여자 모두 높아진 현실을 개척하기 위해 사회에 뛰어들어 경제 활동을 한다. 그리고 이 경제 활동을 바라보는 가치 차이로 인해 또다시 남자와 여자의 갈등은 빚어지게 된다.

남자에게 있어 경제 활동은 원시시대에 목숨을 걸고 식량을 구해오던 남자의 역할과 결이 같다. 하여 남자에게 있어 경제 활동은 가정을 지키고자 하는 남자의 사랑 그 자체이다. 그래서 경제 활동 자체로 남자는 가정 안에서 자신의 역할을 이미 충실히 해내고 있다고 생각하게 되는 것이다.

하지만 문제는 과거 원시시대 대비 너무나 바뀌어버린 현시대의 모습이다. 게다가 현시대는 여자도 경제 활동에 적극적으로 참여하고 있다. 여성의 경제 활동은 이미 트렌드가 된 지 오래다.

이러한 현시대의 모습에서 남녀 문제가 생기는 이유는 바로 이것이다.

여자는 경제 활동 자체를 관계라고 생각하지 않는다는 것이다. 쉽게 말해 여자는 경제 활동을 하여 돈을 벌어오는 것 자체를 관계라고, 그리고 사랑이라고 생각하지 않는다는 것이다.

이 관점 차이 때문에 또다시 문제는 발생하게 된다. 그리고 이러한 차이로 인해 남자와 여자는 서로 말이 통하지 않는다고 생각하며 답답한 관계를 이어가게 된다.

"아닌데요. 나도 남자가 여자와는 생각이 다르다는 것 정도는 잘 알고 있어요. 문제 해결에 초점을 맞춰 생각하는 남자와 달리 여자는 감정적인 유대감을 형성하고자 한다는 것도 잘 알고 있죠. 하지만 우리가 갈등을 겪는 문제는 오히려 다른 데에 있어요. 상대는 내 마음을 전혀 이해하려 하지 않아요. 맨날 나가서 술 마시고 들어오고, 대화 좀 하자고 하면 피해버리는 남자의 모습에 나도 이제 지치는 것 같아요.

나만 이 문제를 안다고 해서 뭐해요? 상대는 들으려고 하질 않는데…. 이런 차이를 이해하는 것 너무 좋은데 현실적인 문제를 개선하는 데 도움이 되지 않는 것 같아요."

만약 이렇게 생각하고 있다면 이 문제에 대해서는 이런 답변을 전하고 싶다. 상대방 역시 같은 감정을 느끼고 있을 것이라고 말이다. 상대방 역시 말이 통하지 않는다고 생각하기에 대화를 회피하려 하는 것이고 어쩌면 상대방 역시 여자에 대해 잘 알고 있다고 생각할지 모른다.

자, 이런 문제가 발생되는 근본적인 원인은 내 생각대로 상대를 해석하려 한다는 것이다. 즉 내 중심으로 관계를 바라보고 해석하기 때문에 문제가 발생하게 된다.

왜 상대방이 관계에 무관심하다고 생각하는가? 상대방 역시 관계에 진심이고 자신만의 노력을 계속 이어가고 있을 수 있다. 그런데도 상대가 관계에 무관심하다고 생각되는 진짜 이유는 내 생각대로 그 사람을 판단하기 때문이다.

분명한 건 남자와 여자는 각각 관계를 대함에 있어 스스로 생각하는 사랑의 표현과 그에 대한 역할이 다르다. 그리고 두 남녀는 대부분, 이

'다름'을 인지하지 못한다. 그렇기에 내 기준대로 상대를 평가하고 관계를 판단한다.

그렇기 때문에 관계 안에서의 본질적인 문제를 풀어낼 수 없는 것이다.

이 책의 후반부에서 남자와 여자가 더 잘 다투는 방법, 그리고 연애 시스템을 만드는 방법에 대해 더 구체적으로 다룰 것이다. 그리고 지금부터는 남자와 여자가 더 원활하게 소통하는 가장 이상적인 방법, 그리고 가장 구체적인 방법을 이야기하도록 하겠다.

모른다는 것을 인정할 때 비로소 알 수 있다

앞서 이야기했지만 나는 남자의 본능인 영웅심리가 남녀 관계에서 더 긍정적인 매개체가 될 수 있다고 확신한다. 아니 어쩌면 남자의 이 영웅심리야말로 남녀 관계에서 유일한 희망일지도 모르겠다.

남자와 여자는 근본적으로 말이 통하지 않는다고 계속 강조하고 있는데 이 차이를 일상에서 자각하는 방법은 무엇일까? 분명한 건 남자와 여자가 말이 통하지 않는 느낌은 언어가 통하지 않는 외국인을 대하는 그것과는 결이 다를 것이다.

예를 들어 한번은 싱가포르로 해외여행을 다녀온 적이 있다. 처음 나가는 해외여행이었기에 나는 지레짐작하여 겁먹어 버렸다. 왜냐면 나는 영어를 하지 못하기 때문이었다.

그랬던 나는 과연 싱가포르에서 어떻게 소통했을까?

첫 번째, 일단 기대하지 않았다. 애초에 말이 통하지 않을 것이라 인정하니 전혀 기대하지 않는 것이다. 오히려 아메리카노를 주문하고자 했을 때 상대방이 나를 배려하여 바디랭귀지까지 총동원해 적극적으로 대화하고자 했던 모습이 감동적이었다.

두 번째, 수단과 방법을 총동원하고자 했다. 학창 시절에 배운 어설픈 영어 실력과 바디랭귀지를 총동원해서 어떻게든 대화해보고자 했다. 상대방과 대화하기 위해 적극적으로 노력한 것이다.

내가 상대방과 언어가 통하지 않는다는 것을 자각하니 내가 가진 모든 수단과 방법을 동원하여 소통하고자 한 것이다. 애초에 이렇게 언어가 다르다는 것을 분명하게 자각해버리면 우리는 수단과 방법을 동원해 상대방과 대화하고자 움직일 것이다. 그리고 어떠한 오해가 있더라도 웬만해선 부정적인 감정을 느낄 필요가 없을 것이다.

그런데 남자와 여자는 최소한 표면적으로는 언어가 통하는 것처럼 보인다. 그렇기에 언어가 통하지 않는다는 사실을 적극적으로 받아들이지는 못하는 게 현실이다.

하지만 사실 우리는 하루에도 수차례 남자와 여자가 언어가 통하지 않는 상황과 마주하게 된다. 그리고 그러한 상황과 마주했을 때 우리는 즉

각 반응하게 된다. 즉시 부정적인 감정으로 반응하게 되는 것이다!

예를 들어서 오늘 하루가 너무나 고달팠던 여자가 남자에게 하소연하는 상황이라고 생각해보자. 여자의 마음은 그저 내 이야기를 들어주고 내 마음에 공감해주면서 나를 위로해달라는 생각으로 전화했을 것이다.

그런데 남자는 여자의 이 상황을 어떻게든 해결해주고자 하는 초점으로 이 이야기를 듣기 시작한다. 그리고 점점 잘잘못을 따지기 시작한다. 여기서 여자는 그런 남자를 보며 어떠한 감정을 느끼게 될까?

반드시 화가 날 것이다. 서서히 안에서 밀려온 짜증이 폭발하여 눈에 들어오는 모든 것이 불행한 것처럼 받아들이게 될 것이다. 그리고 이 감정을 꾹꾹 눌러 담으며 혼자 인내해보려 할 수도 있겠지만 반대로 폭발하는 감정 그대로를 남자에게 토해내 불평을 표현할 수도 있다.

하지만 남자는 여자의 이러한 불평을 받아들이면서 당황스러움을 느낀다. 왜냐면 남자는 최선을 다해 여자의 이야기를 들어주고 노력하고 있는데 갑자기 화를 내며 불만을 토해내는 여자친구가 도무지 이해되지 않는 것이다.

특히 여자 토해내는 불평의 강도에 따라 남자는 때때로 자신이 무시당한다고 느낄 수도 있다. 그리고 이때 남자가 만약 가부장적이라면? 순간 욱하는 감정에 또 화가 폭발할 수도 있다.

이러한 패턴에서 남자와 여자의 갈등은 시작된다. 겉으로는 소통하는 데 문제없어 보인다.

하지만 주고받는 말 속에서 피어나는 감정의 싹이 다르기 때문에 남자와 여자는 도대체 상대방이 왜 저런 감정을 느끼는지 이해하지 못하는 것이다.

자, 어쩌면 여기까지는 남녀 관계에 관심이 조금이라도 있었던 사람이라면 이미 알고 있는 내용이었을 수 있다. 특히 관계 안에서 느끼는 부정의 감정은 그저 내 생각일 뿐이고 상대의 의도와는 무관할 수 있다는 사실까지도 여러분은 이 책을 통해서 분명 이해했을 것이다. (그렇게 믿는다.)

하지만 진짜 문제는 따로 있다.

바로 여러분이 지금 이러한 문제를 이해하여 어떠한 깨달음을 얻은 것과 문제를 실생활에서 직접 마주하여 대처하는 것은 또 다른 이야기라는 것이다. 왜냐면 아무리 남녀 관계에 대한 깊은 깨달음을 얻고 이론적으로 완벽히 알고 있다고 하더라도, 문제의 상황과 마주할 때 즉각 튀어나와 반응하는 건 이성적 사고가 아닌 감성적 사고이기 때문이다. 쉽게 말해 순간적으로 폭발하는 부정적인 감정이 가장 먼저 여러분의 시야를 가릴 것이라는 것이다.

부정적인 감정이 올라오는 순간 여러분은 지금까지 이해했던 남자와 여자의 차이를 높은 확률로 떠올리지 못할 것이다. 왜냐면 감정은 이성을 마비시키고 지금 나의 기분이 언짢음을 표현하고자 생각 회로를 작동시키기 때문이다. 그리고 그 언짢은 감정을 즉시 표현하고자 언어를 사용하게 될 것이기 때문이다.

하지만 그래도 괜찮다. 앞서 이야기했듯이 이러한 시행착오는 반드시 필요하다. 오히려 이런 시행착오를 더 자주 마주할수록 관계가 더 행복해질 확률이 높아진다. 게다가 감정도 반드시 소모된다고 했다. 순간적으로 피어오른 부정적 감정으로 인해 이성이 마비되어 다툼이 발생될 수 있다.

하지만 그 부정의 감정도 곧 소모될 것이다. 특히 순간 빠르게 폭발한 감정인 만큼 더 빠르게 소모될 것이다. 그리고 그렇게 부정적인 감정이 소모되는 순간 이성적 사고는 또다시 작동하게 될 것이다. 그리고 여러분은 최소한 지식으로는 남녀 관계의 차이에 대해 한 차례 이해했으니 이성적 사고가 다시 작동되는 순간 스스로 깨닫게 될 것이다.

"그때 그런 이야기를 하지 말아야 했는데, 아 저 말은⋯. 그런 의도가 아니었는데."

이렇게 하나씩 이해하는 과정에서 관계는 반드시 더 행복한 방향으로 나아갈 수 있다.

나 역시 이러한 이론을 이미 머리로 알고 있었고 심지어 남녀 관계를 주제로 유튜브까지 운영하고 있었지만 실제로 이러한 상황과 직접 마주하자마자 감정에 휩싸여 불같이 화내고 말았다.

그 순간을 다시 회상해보면 정말 모든 이성이 마비되어 버렸다. 그리고 순간 올라온 감정의 더미로 인해 관계는 점점 갈피를 잃어가고 있었다. 그 당시에 나는 절망했다. 머리로 알고 있던 이러한 지식을 실제 상황에 하나도 적용하지 못했다는 생각으로 자책하기 시작한 것이다. 하지만 지금의 배우자이자 당시 실제 상황에 함께 놓여 있었던 나의 연인의 지혜로움 덕분에 나는 한 가지 큰 교훈을 얻게 되었다.

여기서 잠시 나의 배우자에 대해 이야기해 보면 우리의 첫 만남은 정말 짜릿했던 것 같다. '어쩌면 이 사람과 만나기 위해 지금까지 나의 연애가 그토록 힘들었나?' 할 정도로 완벽한 여자와 드디어 만나게 되었다고 생각했다. (적어도 내 기준에선 말이다.)

우리는 첫 만남부터 서로가 서로에게 이끌림을 느꼈고 그 이끌림으로 인해 우리는 첫 만남에서 곧바로 연애를 시작하게 되었다.

'완벽한 사람을 만났다'는 확신이 있던 만큼 우리의 연애는 말로 표현할 수 없을 만큼 행복한 순간의 연속이었다. 그렇게 약 3개월이라는 시간이 지날 무렵 우리의 관계 역시 마찬가지로 문제가 발생하게 되었다. 엄청난 문제가 있었던 건 아니다. 그저 사소한 한 가지 문제로 크게, 그리고 지속적으로 다투게 되었다.

처음엔 노력으로 분명 극복할 수 있을 것이라 생각했다. 하지만 생각과는 다르게 관계 안에서 다툼의 크기는 점점 커지기 시작했다. 점점 서로를 이해할 수 없다고 느끼기 시작했고 나도 그리고 상대도 점점 관계 안에서 좌절하기 시작했다.

그리고 문제의 날은 다가왔다. 평소 친하게 지내던 동생이 집들이 겸 우리의 만남을 축복해주기 위해 작게 홈파티를 열었다. 그리고 우리는 동생의 집으로 이동하던 순간에 또다시 크게 다투게 되었다.

당시를 회상해보면 도저히 이 감정으로 동생의 집에 갈 수 없다고 판단했다. 그래서 어떻게든 밖에서 이 상황을 정리하고 동생 집으로 가고 싶었다. 하지만 그 역시 뜻대로 되지 않았고 우리의 다툼은 점점 더 격해지기 시작했다.

감정은 서로 극과 극으로 치닫기 시작했고 마침내 약 3초간의 정적이 일어났다. 일촉즉발이라는 말이 어쩌면 우리의 그 상황을 가리키는 말일 수도 있겠다는 생각마저 들었다. 그리고 3초 후 배우자는 먼저 입을 열었고 나는 그 말을 경청해서 듣기 시작했다. 그리고 순간 머리를 한 대 쿵 얻어맞은 것과 같이 큰 충격을 받게 되었다. 그리고 내가 기억하는 이 순간은 지금 내가 남녀 관계 전문가로 활동을 이어가고 있는 현재에도 큰 영감을 주었던 상황이었다. 그만큼 배우자가 전한 그 말은 나의 사상에 커다란 영향을 준 사건으로 기억되고 있다. 지금의 나의 아내자 내 인생에서 가장 현명한 여자.

당시 아내는 내게 이런 말을 전했다.

"여보. 저는 솔직히 지금 이 상황은 여보가 항상 말했던 남자와 여자의 언어 차이라고 생각해요. 나는 여보를 탓하고 싶은 게 아니에요. 단지 내

마음이 이렇게 불편하다는 것을 내 남자에게 말하고 싶었을 뿐이에요. 여보는 내 남자잖아요. 그리고 지금 내가 느끼는 이 감정은 다른 누구에게도 아닌 여보에게 말해야 하는 것이잖아요. 내가 여보에게 이런 이야기를 하지 않으면 누구에게 하겠어요. 나는 여보를 탓하고자 하는 게 아니에요. 그저 내 이야기를 들어주고 내 마음을 알아주었으면 좋겠다는 거예요. 그것뿐이에요."

나는 아내의 이야기를 듣고 정말 큰 충격을 받았다. 왜냐면 당시 나는 적어도 남자와 여자의 이러한 언어 차이를 누구보다 잘 알고 있었기에 이런 문제는 관계 안에서 절대 없을 것이라 생각했기 때문이다.

그런데 정작 나는 이러한 차이에 대해 전혀 모르고 있었던 것이다. 그리고 그제야 비로소 남녀 관계를 어떤 방식으로 풀어가야 하는지 실마리를 잡게 되었다.

이처럼 남자와 여자의 언어 차이를 이해한다는 것은 그저 지식을 습득하는 것과 같다. 그리고 다시 한번 강조하는 건 이 지식을 관계 안에 접목시키는 것은 또 다른 영역이라는 것이다. 그리고 나는 이러한 사실을 그토록 힘들었던 시행착오 끝에 깨닫게 되었다.

이것을 깨달은 이후 나와 아내가 다투는 비중은 눈에 띄게 줄었다. 가끔 파격적으로 다투곤 하지만 이내 곧 스스로 반성하며 사과하며 그렇게 관계를 더욱 행복한 방향으로 이끌어가고 있다.

지식을 습득하고자 하는 것은 내가 모른다는 것을 적극적으로 받아들이는 자세 중 하나이다. 그리고 반드시 선행되어야 하는 과제 중 하나일 뿐이지 지식을 습득하는 것 자체가 모든 것을 해결해주지 않는다.

중요한 건 모른다는 것을 받아들이고 인정할 때 비로소 가능성이 생긴다는 것이고, 모름을 인정할 때 비로소 남녀 관계는 더 행복한 방향으로 나아갈 수 있다.

남자의 영웅심리로 남녀가 더 원활히 소통하는 방법

생각해보면 대부분의 남녀 관계의 첫 만남은 짜릿했을 것이다. 왜냐면 누구보다도 나를 잘 이해한다고 생각되는 인연을 만났다고 판단했기 때문일 것이다.

말이 잘 통했고 서로 공감할 수 있는 부분도 많았으며 심지어 운명의 상대를 만난 것과 같은 확신이 온몸을 감쌌을 것이다.

그런데 관계를 이어가다 보면 어딘가 하나둘씩 '다름'을 발견하게 되고 어느새 갈등은 심화되어 도대체 관계가 왜 이 지경이 된 것인지 이해할 수 없는 상황에 눈물 흘릴 때가 있다.

그토록 운명의 상대라 믿었는데 도대체 왜 이런 상황과 마주하게 된 것일까?

음…. 이것을 조금만 다르게 표현해보겠다.

운명처럼 느껴진 그 사람과의 첫 순간엔

도대체 어떻게 그렇게 원만하게 소통할 수 있었던 것일까?

도대체 어떻게 그렇게 잘 통한다고 느낄 수 있었던 것일까?

그 이유는 바로 '사랑이라는 매개체'가 작동하고 있었기 때문이다.

고양이와 강아지는 근본적으로 다르다. 다르기에 그들이 서로를 이해하고 공감할 수 있을 가능성은 0%에 가깝다.

하지만 첫 순간엔 이 0%에 가까운 가능성을 100%로 끌어 올려주는 매개체가 있다.

바로 '사랑이라는 감정'이다.

고양이 설희를 사랑한 어린 강아지 루카는 처음엔 하루 종일 바라보는 것만으로도 행복함을 느꼈다. 급기야 설희의 모든 일상에 자신을 맞추기까지 했다. 기꺼이 말이다.

여러분도 강아지 루카의 이러한 감정을 1번쯤은 느껴본 적이 있을 것이다. 그저 바라만 봐도 행복한 그 순간을 말이다.

하지만 아쉽게도 감정은 유한하다고 했다. 감정도 계속해서 사용하면 소모되고 급기야 고갈된다. 게다가 누군가는 사랑이 약 2~3년 정도 지속되면 유통기한은 끝난다고 말한다.

실제로 미국 코넬대학의 인간 행동 연구소 신디아 하잔 교수팀이 내린 결론도 이 말에 힘을 실어주었다.

"사랑을 시작한 지 18개월에서 30개월가량이 지나면 대뇌에 항체가 생겨서 사랑의 화학물질이 생성되지 않으며, 그로 인해 사랑의 감정이 자연스레 변한다."라고 결론지은 것이다.

이 연구는 약 2년에 걸쳐 다양한 문화집단 속에 속한 남녀 5천 명을 대상으로 인터뷰와 호르몬 작용을 관찰한 연구 결과이다. 상대방에게 호감을 느끼는 시기에 분비되는 '도파민'과 사랑에 빠졌을 때 만들어지는 '페닐에틸아민', '옥시토신' 등이 2년 후부터 급격히 줄어들고 급기야 사라지기 시작한다는 것이다.

정말 사랑의 유통기한은 2년 정도가 끝인 걸까? 남녀 관계는 고작 2년 정도밖에 유지될 수 없는 나약한 것일까? 그렇다면 인간은 그렇게 나약한 감정 하나 때문에 평생을 바치고, 그 나약한 감정 덕분에 우리 인류가 지금까지 이어져 온 것일까?

나는 이와 같은 생각을 적극적으로 부정하고 싶었다. 나는 사랑이라는 감정이야말로 세상이 존재하는 이유라 믿는다. 그렇기에 사랑의 감정이 더 무한히 지속될 수 있을 방법을 계속해서 생각해보기로 했다. 그리고 마침내 한 연구 결과를 접하게 되었고 꽤 흥미로웠다.

이는 코넬대학의 연구 결과를 적극 부정할 만한 내용임이 분명해 보였기 때문이었다.

미국 스토니브룩 대학의 연구진은 사랑에 빠진 지 1년 된 집단과 21년 된 집단의 뇌 사진을 통해 기존 가설을 완전히 뒤집어버렸다.

연구진은 배우자를 21년간 여전히 사랑한다고 주장하는 17명의 표본 집단을 선정했고, 자기공명영상을 활용해 이들의 뇌 스캔 사진을 찍어 본 것이다. 그 결과 이들의 뇌에선 열정적인 사랑에 빠진 단계에서 분비되는 것으로 알려진 사랑의 화학물질이 그대로 분비되고 있었다고 한다. 무려 21년간 사랑을 지속해온 것이다.

자. 그렇다면 이렇게 상반되는 각각의 연구 결과를 우리는 어떻게 바라봐야 할까?

가끔 길을 걷다가 백발의 노인 부부가 서로 손잡고 길을 걷는 모습을 보면 나도 모르게 미소가 지어질 때가 있다.

관계가 오랫동안 지속되면 결국 가족이 되어버려서 손잡는 것도 민망해진다고 하는데 그와 다르게 눈앞의 백발의 노인 부부는 지금까지도 서로를 아끼고 사랑하는 모습을 이어가고 있었던 것이다.

그저 바라만 보기에도 그 모습이 참 아름다워 보여 자연스레 미소가 지어질 수밖에 없었다.

그런데 어떤 누군가는 사랑의 감정은 유한한 무언가라고 결론지으면서 행복한 관계를 꾸준히 지속할 수 있을 가능성을 애초에 막아버린다. 하지만 미국 스토니브룩 대학의 연구 결과처럼 어떤 누군가는 백발 노인

이 될 때까지 서로를 사랑하며 행복한 관계를 지속한다.

도대체 무엇 때문에 이러한 차이가 발생하는 것일까?

남자와 여자는 근본적으로 다르다. 그렇기에 서로를 100% 이해한다는 것은 불가능에 가깝다. 하지만 처음 사랑의 감정에 사로잡힌 남녀는 이 세상 누구보다도 나를 잘 이해해주는 사람이라 생각하며 불같이 사랑하게 된다. 그리고 그 순간만큼은 남자도 여자도 서로 말이 잘 통한다고 느낀다.

나는 생각이 여기까지 도달하면서 지금까지 결론지은 팩트를 정리해보고자 했고 그 결과 한 가지 법칙을 찾아낼 수 있었다. 그리고 그것을 나의 이론으로 만들어 정리해보았고 이 이론을 주변 사람부터 시작해서 여러 내담자를 비롯한 불특정 다수에게까지 전파하며 사랑을 지속할 수 있도록 돕기 시작했다.

그리고 그렇게 더 많은 사람과 이 이론에 관해 이야기를 나눌수록 나는 더 크게 확신하게 되었다.

이 이론이야말로 사랑을 지속할 수 있는 유일한 방법이라고 말이다!

우선 지금까지 결론지은 팩트를 정리한 10가지 문장이다.

1) 남자와 여자가 말이 잘 통한다고 느끼는 감정이야말로 사랑이다.

2) 그렇다면 오랫동안 말이 잘 통할 수 있도록 하는 것이 '사랑을 지속하는 핵심'이 아닐까?

3) 남자와 여자는 기본적으로 말이 통할 수 없다.

4) 하지만 처음 사랑을 시작하는 순간엔 분명 남자와 여자는 너무나도 말이 잘 통한다. (썸)

5) 뒤집어 생각해보면 남자와 여자는 사랑이라는 매개체를 통해 서로 소통할 수 있다.

6) 하지만 사랑의 감정 또한 유한한 매개체다. (유통기한 2년)

7) 영원히 지속될 수 있는 무한한 매개체가 존재한다.

   – 여자는 사랑받고 싶은 동물, 남자는 칭찬받고 싶은 동물.

8) 서로가 지닌 본능을 채워줄 수 있을 때 더 이상적인 관계가 지속될 수 있다.

9) 남자의 영웅심리야말로 무한히 지속 가능한 매개체다.

10) '9)'의 근거 : 처음 썸 타는 기간에 남자의 영웅심리는 가장 활성화된다. 그리고 썸 타는 기간에 남자와 여자는 가장 원활하게 소통할 수 있었다. 그리고 영웅심리는 남자의 본능이기에 무한히 지속될 수 있는 매개체가 분명하다. **왜냐면 남자는 영웅심리를 실현하기 위해 삶을 살아가기 때문이다.**

나는 결론지었고 그로 인한 법칙 한 가지를 발견하게 되었다. 그리고 이 법칙을 이론으로 체계화하여 많은 사랑에 대입해 보기 시작했다.

우선 사랑을 2개의 구간으로 나누기로 했다. 1차 사랑의 구간과 2차 사랑의 구간으로 말이다.

1차 사랑의 구간은 우리가 알고 있는 짜릿한 사랑의 구간을 뜻한다. 열렬한 사랑에 속하기도 하면서 사랑의 유통기한은 2년이라고 말하는 강렬한 사랑이 바로 1차 사랑의 구간이다.

　그리고 이 1차 사랑의 구간을 가리켜 '개화기'라고 표현하기로 했다. 사전적 정의에 따르면 개화기는 꽃이 피는 시기를 뜻한다. 남녀의 사랑이 싹트며 꽃이 피는 시기로 정의하면서 이 1차 사랑의 구간을 '사랑의 개화기'라고 정의하게 되었다.

　그리고 2차 사랑의 구간은 잔잔하고 고요하다. 상대를 오래 만난 커플일수록 상대방이 내 인생에 있어 중요하다고 생각하지 않는다. 오히려 상대가 있는 내 모습이 그냥 당연하다고 생각한다. 마치 나의 오른손의 중요성을 매일 자각하지 못하는 것처럼 말이다. 즉 너무나 당연하기에 오히려 상대의 중요성을 간과하게 되는 것이다.

　하지만 그렇다고 하여 그 중요성이 퇴색되는 건 아니다. 오히려 상대를 바라보는 나의 감정이 권태로울수록 '내 삶에 너무나 중요한 존재가 되었구나.'라고 판단하는 것이 더 옳다.

　즉 2차 사랑의 구간은 이미 이 상대가 내 인생에 있어 너무나도 중요한 사람이 되어버린 상태이고 그렇기에 그 상대와 있으면 오히려 잔잔하고 고요해지며 편안하고 안정된 감정을 느낄 수 있는 사랑의 구간을 뜻한다. 그리고 고요하고 잔잔하기에 이 2차 사랑의 구간은 비교적 더 오래 지속될 수 있다.

하여 상대방과 2차 사랑의 구간으로 관계를 끌어올 수 있다면 반드시 더 오랫동안 사랑이 지속될 수 있다. 그리고 나는 이 2차 사랑의 구간을 가리켜 '지속기'라 표현했다. 더 오랫동안 은은하게 퍼지는 사랑의 구간을 가리켜 '사랑의 지속기'라고 표현했고, 이 '사랑의 지속기'야말로 결혼의 확신을 얻게 되는 구간임을 깨닫게 되었다.

자. 그렇다면 1차 사랑의 구간인 '개화기'에서 2차 사랑의 구간인 '지속기'로 모든 사람이 자연스럽게 도달하게 되는 걸까? 50%는 맞고 50%는 틀렸다고 말할 수 있겠다.

강렬하면서도 짜릿한 사랑을 느끼는 '사랑의 개화기'에서 은은하고 잔잔하면서 편안하고 안정감을 느낄 수 있는 '사랑의 지속기'로 도달하려면 반드시 수행해야 할 한 가지 미션이 존재한다. 어쩌면 이 미션을 극복해내고 안전하게 '사랑의 지속기'로 도달할 수 있는 상대와 만나는 것이야말로 행복한 관계를 '지속할 수 있는' 유일한 길일지 모르겠다. (사람의 성향이 전부 다르듯이 이 미션을 극복해낼 수 있는 상대 또한 각각 다를 수 있다.)

2차 사랑의 구간인 '지속기'로 관계가 진입하기 위해서는 반드시 1차 사랑의 구간인 '개화기' 시기를 거치면서 '권태기'라고 하는 시기까지 함께 극복해내야만 한다. 왜냐면 '권태기'와 '사랑의 지속기'에서 느끼는 본질적인 감정은 같기 때문이다.

그렇다면 '권태기'와 '사랑의 지속기'의 차이점은 무엇인가?

바로 상대방의 소중함을 자각할 수 있는가의 차이이다. '상대방의 가치를 폄하하지 않고 그대로 인정할 수 있는가?'에서 근본적인 차이가 발생한다.

그렇기에 결혼에 대한 확신까지 느낄 수 있는 사랑의 구간이 바로 '사랑의 지속기'라고 할 수 있겠다.

'권태기'를 극복하는 방법은 반드시 내 상대가 최고의 상대임을 자각하는 것이다.

흔히 행복한 관계를 지속하는 사람들은 반드시 이것을 자각할 만한 계기가 있다.

한 작곡가의 경우 상견례의 자리에서 스스로도 창피해했던 가족의 본모습을 있는 그대로 받아들여주는 상대방의 모습을 보고 강한 확신을 느꼈다고 한다.

이처럼 '사랑의 지속기'로 진입하기 위해서는 당연함에서 오는 착각을 벗어내야 한다.

권태로운 감정은 사실은 지루하고 짝이 없는 감정이 아니라 나에게 너무나도 소중한 존재이기에 이미 나와 한 몸이 되었다는 것을 증명하는 감정이다.

그리고 이 사실을 자각하는 것이야말로 권태기를 극복하는 구체적인 방법이며 '사랑의 지속기'로 진입할 수 있는 유일한 길이다.

'사랑의 지속기'로 진입할 수 있는 구체적인 방법

1차 사랑의 구간인 '사랑의 개화기'에서 권태기를 지나 2차 사랑의 구간인 '사랑의 지속기'로 더 안전하게 진입하는 방법은 없을까? 이 생각을 끝으로 나는 남자의 '영웅심리'야말로 그 역할을 완벽하게 해낼 수 있는 매개체가 될 것이라 확신하게 되었다.

앞선 살펴본 10가지 내용에서 보면 남자와 여자는 기본적으로 소통할 수 없지만 '사랑'이라는 매개체로 두 사람은 더 원만하게 소통할 수 있는 상태가 되었다. 즉 어떠한 매개체가 남녀 관계를 이어주었을 때 두 사람은 이 세상 누구보다도 말이 잘 통하는 상태가 된다는 것이다.

그리고 이를 조금 더 자세히 들여다본다면 '사랑'이 두 사람을 이어줄 때는 최소한 내 생각대로 상대를 판단하지 않기에 두 사람은 이 세상 누구보다 서로를 잘 이해할 수 있는 상태가 된다는 것이다.

오히려 상대방은 대체 어떤 생각을 하고 있는지 궁금해서 속앓이할 정도이니 말이다.

그만큼 모든 초점이 상대방에게 맞춰지면서 오히려 내 행동을 통제하고 제약하려 하는 것이다.

여기서 핵심은 모든 초점을 '상대 기준'에서 생각하고 판단하려 한다는 것이다.

하지만 나는 이 상태가 마냥 긍정적이라고 생각하진 않는다. 왜냐면 첫 번째, 그 모습은 온전한 내 모습이 아니라는 것, 두 번째, 결국 그 감정도 소모될 것이고 그로 인해 언젠간 분명 나의 본 모습이 나올 것이기 때문이다. 즉 '사랑의 지속기'는 나의 본 모습과 상대의 본 모습이 서로 융화되어 소통할 수 있는 상태가 되어야 하는 것이 핵심이기에 '사랑의 개화기' 시기에서 한 발자국 더 나아가야 한다.

그렇다면 어떤 방향으로 관계가 나아갈 때 비로소 '사랑의 지속기'로 들어설 수 있는 것일까?

어쩌면 여기서 대부분의 소통 전문가나 기타 유튜버는 이렇게 조언할 것이다.

"상대방 입장에서 더 생각해보고자 노력하세요. 그리고 상대가 싫어하는 행동을 하지 않으려고 노력하세요."

물론 전부 맞는 말이고 나 역시 이렇게 조언하기도 하니 이 말이 100% 틀렸다고 부정할 수는 없다. 하지만 남자와 여자의 본질적인 차이를 놓고 볼 때 이러한 조언은 무의미하다는 것이다. (본질적인 차이가 조율된 이후 이러한 조언은 유용할 수 있다.) 본질 자체도 바라보지 못한 채 표면적인 노력으로 아무리 맞추려고 해봐야 문제는 지속될 수밖에 없다.

그렇다면 본질이 맞춰진다는 것은 도대체 무엇을 가리키는 것일까?

상대 입장에 모든 것을 맞추고자 하는 행동은 사실 시한폭탄을 심어두는 것과 같다. 오히려 생각의 방향을 다르게 접근해야 한다. 예를 들어 만약 내가 바라는 것이 상대가 바라는 것이고, 상대가 바라는 것이 결국 내가 바라는 상태가 된다면 어떻게 될까?

"아니 남자와 여자는 본질적인 부분에서 너무나 다르기에 소통하는 것 자체가 불가능하다고 했잖아요?"

자, 이렇게 생각해보자. 먼저 남자와 여자의 차이에 대해 인식하기 시작한 순간부터 불가능함 속에 미세하게나마 가능성의 씨앗을 심게 된 것이다. 그리고 그 가능성의 씨앗은 내가 활용하는 방법에 따라 더욱더 활짝 자라날 수 있다.

남자는 능력을 인정받아 칭찬받고 싶은 동물이다. 그리고 여자는 그런 남자의 사랑을 원하는 동물이다. 그럼 결국 본질은 남자는 여자를 만족시키고 싶은 것이고 그로 인해 칭찬받고 싶은 것이다. 그리고 여자는 그런 남자의 사랑을 받고 싶은 것이고 내 남자의 사랑을 받을 때 여자는 행복함을 느끼는 동물이다.

이렇게 표현해보니 무언가 실마리가 보이는 것 같다.

조금 더 자세히 들여다보자. 우리는 때때로 관계를 대하는 데 표현에 인색한 것 같다. 예를 들어 남자가 노력하는 모습을 적극적으로 바라봐주고 칭찬해줄 수 있는 여자라면?

"남자는 그 여자를 절대로 잊을 수 없을 것이다."

반대로 여자의 경우 지속적으로 '사랑해.'라고 말해주는 남자라면?

"여자는 그 남자를 절대 떠날 수 없을 것이다."

왜냐면 남자와 여자 모두 자신이 살아가는 궁극적인 이유를 서로가 이미 충족시켜주고 있는데 과연 그 사람을 떠나갈 수 있을까? 절대로 그럴 수 없다. 이게 핵심이다.

우리는 사랑의 개화기에서 '사랑이라는 매개체'를 통해 적극 소통하고 공감할 수 있었다. 그렇다면 사랑의 지속기에서도 어떠한 매개체가 존재한다면 우리는 계속해서 지속적으로 소통하며 공감할 수 있지 않을까?

그리고 그렇게 지속적으로 소통이 가능한 상태라면 그것이 결국 지속 가능한 사랑이자 궁극적으로 행복한 관계로 나아갈 수 있는 구체적인 방법이지 않을까?

사랑이라는 감정은 유통기한이 2년 정도인 유한한 매개체이다. 그러면 우리는 필연적으로 관계 안에서 더 지속 가능한, 아니 무한히 지속 가능할 만한 매개체를 찾아야 한다.

그리고 나는 무한히 지속될 수 있는 매개체는 분명 '남자의 영웅심리' 뿐이라고 확신한다. 왜냐면 남자의 영웅심리는 남자가 삶을 살아가는 이유이자 본능 그 자체이기에 무한히 지속될 수밖에 없는 매개체다. (삶이 끝날 때까지)

심지어 남자에게 있어 섹스보다도 더 강렬한 자극을 주는 본능 그 자체이다.

확신하건대 남자의 영웅심리가 관계 안에서 지속적인 매개체로 역할을 할 수 있을 때 남자와 여자의 관계는 더욱 원활히 소통할 수 있는 상태가 될 것이다. 그리고 그렇게 서로의 본능을 만족시켜 줄 수 있을 때

영원히 지속될 수 있는 사랑을 완성하게 될 것이다.

그렇다면 어떻게 남자의 영웅심리를 관계 안에서 매개체로 작용할 수 있도록 할 수 있을까?

우선 여자는 태어날 때부터 남자의 영웅심리를 자극할 만할 요소를 갖고 태어났다. 왜냐면 원시시대로 돌아가서 애초에 남자의 영웅심리가 지금까지 이어진 근본적인 이유는 여자에게 선택받기 위함이었다. 남자는 여자에게 능력을 인정받을 수 있을 때 가정을 꾸릴 수 있었고, 그러한 본능이 원시시대부터 우리 유전자에 각인되어 현대로 넘어오게 되었다. 애초에 남자의 영웅심리는 여자에게 인정받기 위해 탄생한 본능 자체인 것이다. 이게 핵심이다.

그런데 여기서 우리는 또 하나의 의문을 품을 수 있다. 관계가 시작될 때 남자는 이 영웅심리를 오로지 관계 안으로 초점을 맞춰 내 여자를 행복하게 해주고자 생각 회로가 작동되었다. 그런데 관계를 지속하다 보니 이 초점이 흐려진 건지…. 아니면 관계 외적으로 영웅심리의 초점이 맞춰진 건지….

아니 조금 더 본질적으로 남자가 관계를 대하는 태도 자체가 변화되었다는 것인데 이건 시간이 흐름에 따라 자연스레 발생되는 불가피한 현상 아닌가?

자. 일단 남자의 이러한 변화를 여자는 조금 더 유연하게 바라볼 필요

가 있다. 남자는 관계가 더 소중해질수록 자신의 능력을 키워 이 관계를 지켜내고자 하는 본능이 발동하게 된다. 관계가 더 소중해졌기 때문에 남자는 내 여자와 더 큰 미래를 그리고 싶은 것이고, 자신의 능력을 키워 현실의 여러 가지 문제를 해결해내고 싶은 것이다. 이를테면 '내 집 마련', '결혼'과 같은 현실적인 문제 말이다.

즉 남자의 사랑은 내 여자와 더 깊은 미래를 그리고 싶다는 방향으로 생각이 전개된 것뿐이다. 애초에 남자가 관계를 소중히 생각하는 마음 자체는 변한 것이 아니라는 것이다.

단지!!! 여자를 어떻게 만족시켜야 하는지 방법을 모를 뿐이다!! 그렇기 때문에 여자는 남자에게 알려만 주면 된다. 남자가 어떻게 하면 여자를 만족시킬 수 있는지 말이다.

구구절절 전부 이야기하라는 것이 아니다. 그저 힌트만 주면 된다. 그리고 이 힌트는 말로 표현할 수 있지만 오히려 리액션과 같은 것으로도 표현할 수도 있다.

직접적인 칭찬의 표현으로 남자에게 힌트를 줄 수도 있고, 너무나도 좋아하는 표정으로 인해 남자가 영웅심리를 달성할 수 있도록 옆에서 도와만 주면 된다.

그래서 궁극적으로 남자 스스로 무언가 해냈다는 생각이 들게 만들면 된다. 이게 핵심이다.

그런데 여기서 중요한 핵심은 진정성을 담아야 한다는 것이다. 절대 칭찬과 리액션을 꾸며내면 안 된다는 것이다. 남자도 생각하고 판단할 수 있는 인간이기에 리액션과 칭찬을 꾸며내면 남자 역시 그 꾸며진 표현을 100% 느낄 수 있다. 그렇기에 칭찬과 리액션은 반드시 진정성을 담아야 한다.

그리고 진정성을 담기 위해서는 여자가 진짜 원하는 것을 남자가 해낼 수 있도록 힌트만 주면 된다. 그럼 자연스레 남자는 여자를 만족시키는 방향으로 생각 회로가 움직일 것이고, 여자는 스스로 원하는 것을 얻어 냈으니 자연스레 진정성이 담긴 리액션을 남자에게 표현할 수밖에 없을 것이다.

다시 한번 강조하면 진짜 여러분이 원하는 것을 남자에게 제시해주면 된다. 그리고 남자가 그것을 달성해냈을 때 적극적으로 칭찬과 리액션을 선물하기만 하면 된다.

여자도 자신이 진짜 원하는 것을 남자에게 제시했기 때문에 남자가 그것을 가져다주었을 때(제공자의 욕구) 정말 진심으로 기뻐할 수 있을 것이다. 그리고 그런 진정성 있는 리액션이 남자의 영웅심리의 초점을 계속해서 관계 안으로 잡아두는 역할을 하게 될 것이고 두 사람의 남녀 관계는 이로 인해 더욱더 행복한 방향으로 자연스럽게 나아갈 것이다.

그리고 이것이 관계 안에서 연쇄 작용으로 나타날 수 있도록 1차 사랑의 구간인 '사랑의 개화기'에서부터 적극 훈련하는 것이다. 훈련이라는 표현보다는…. 남자와 여자 모두가 이 영웅심리가 완성될 수 있도록 호흡을 맞춘다고 하는 것이 더 올바른 표현일 것이다.

흔히 여우 같다고 하는 여자들이 있다. 그들은 남자가 원하는 것이 무엇인지 본능적으로 알고 있다. 이들은 외모가 뛰어나게 예쁜 것도 아니고 몸매가 뛰어나게 좋은 것도 아닌데 주변 남자들이 대부분 이 여자 곁으로 모여드는 것을 한 번쯤 본 적 있을 것이다.

이들은 남자의 영웅심리를 자극할 수 있을 방법을 본능적으로 깨닫고 있는 여자들이고, 이들은 주변 남자의 모든 사랑과 관심을 독차지한다. 우리는 이 여자들을 막연히 질투하는 것이 아니라 도대체 왜? 그들에게 남자들이 그렇게까지 많은 관심을 쏟아내는지 연구해볼 필요가 있다. 많은 남자의 관심을 잡아두면서 어장을 치라는 말이 아니다. 내가 사랑하는 남자의 영웅심리를 오로지 내 안으로 잡아 둘 수 있는 방법을 연구해보자는 말이다.

그렇게 했을 때 비로소 내가 사랑하는 그 남자의 모든 관심과 사랑을 내게로 집중시킬 수 있을 것이니 연구해볼 가치는 충분할 것이다. 그리고 내가 막연히 상상하던 그 행복한 현실이 나의 눈앞에 실현되어가는 것을 직접 두 눈으로 볼 수 있을 것이다.

05.

여자들이 바라는
강아지 남자의 모습은
어떤 모습일까?

고양이 설희는 강아지와 함께하는 일상을 생각할 수 없었다. 왜냐면 매일 거리를 활보하면서 자신의 영역을 넓혀나가야 하는 강아지와는 달리 설희는 자신의 영역 안에서 안정감을 느끼는 것이 최고라고 생각했기 때문이다.

그러던 어느 날 새끼강아지 한 마리가 고양이 설희에게로 다가왔다. 주인의 손에 들려 있는 조그마한 강아지 루카를 보면서 설희는 생각했다. **"이거 피곤하게 생겼네…."**

하지만 설희의 생각과는 다르게 새끼강아지 루카는 설희를 무조건으로 따르기 시작했다. 매일 같이 설희의 발자취를 따라다니며 함께 먹고 자고 심지어 낮잠 자는 모양새까지 닮아가기 시작했다. 그런 새끼강아지 루카를 보며 고양이 설희는 생각했다.

창틀 너머로 보이던 강아지들과는 다르게 이 새끼강아지는 어딘가 귀

엽다고 말이다. 그리고 이어서 생각했다. 어쩌면 모든 강아지가 다 똑같은 건 아닐지 모르겠다고 말이다.

루카는 고양이 설희를 따랐고 설희는 그런 루카를 보며 어느새 흐뭇한 미소를 짓기 시작했다.

그렇게 시간은 흘러 어느새 강아지 루카는 고양이 설희가 보기에도 늠름해 보일 정도로 성장하게 되었다. 게다가 강아지 루카와 함께하는 시간이 많아질수록 설희는 점점 마음이 움직이기 시작했다. 하지만 모든 문제는 마음이 한쪽으로 기울면서 시작되는 것 같다.

강아지 루카는 슬슬 자신의 본능을 깨달아가기 시작했다. 수개월째 집에만 있던 루카는 이제 밖으로 나가 자신의 영역을 넓히고 싶다고 생각하기 시작한 것이다.

그때부터 루카는 매일 1시간씩 산책하기 시작했다. 하지만 고양이 설희는 그런 루카의 모습이 마음에 들지 않았다. 수개월째 단 1시간도 떨어져 있지 않던 존재였는데 이제는 매일 1시간씩 떨어져 있어야 하는 이 상황이 고양이 설희에겐 마치 지옥같이 느껴졌다.

그러던 어느 날 산책을 다녀와 씩씩 미소를 짓고 있는 강아지 루카의 얼굴을 보며 설희는 말했다. **"너 좀 변한 것 같다?"**

그리고 루카가 말했다. **"무슨 소리야 난 똑같아. 오늘따라 왜 그래?"**

그리고 설희가 말했다. **"예전에 넌 나와 한시도 떨어져 있지 않으려고 했어. 그런데 이제는 매일 1시간씩 나와 떨어져 있잖아."**

설희의 이야기를 들은 루카는 어쩐지 귀여워 보이는 설희를 보며 이렇게 말했다. **"알겠어. 내일부터는 30분으로 줄여볼게. 됐지?"**

설희는 루카의 제안이 썩 마음에 들진 않았다. 하지만 시간을 줄여보겠다는 루카의 말에 조금은 위로가 되는 듯했다. 그리고 다음 날 루카는 약속대로 30분만 산책을 다녀왔다. 자신을 위해 산책 시간마저 줄이는 루카의 모습을 보고 설희는 점점 더 빠져들기 시작했다.

그렇게 조금씩 하나의 문제가 풀려갈 때쯤 또 다른 문제가 터지게 된다.

설희는 평소처럼 창밖을 내다보며 루카가 돌아오길 기다리고 있었다. 그리고 시간이 흘러 저 멀리서 주인과 루카의 모습이 보일 때쯤 문제가 발생되었다. 어딘가에서 낯선 고양이 한 마리가 불쑥 튀어나와 강아지 루카에게 다가가기 시작한 것이다. **"저 X이 지금 뭐 하는 거야?"**

순간 화가 끓어오른 설희는 다시 루카의 모습을 바라보기 시작했다. 그리고 그 순간 설희는 이성을 잃어버리고 말았다. 꼬리를 살랑거리는 강아지 루카의 모습을 보고 말이다.

산책을 마치고 돌아온 루카를 보고 설희는 말했다. **"좋았냐?"**

그런 설희의 말에 루카는 당황하며 말했다. **"뭐가?"**

그리고 다시 설희는 쏘아대며 말했다. **"아까 낯선 고양이를 보고는 아주 꼬리를 살랑이며 헤벌쭉하며 되게 좋아하더라?"**

루카는 당황해하며 설희에게 다가갔다. **"아니야 그런 거. 내가 꼬리를**

흔든 건 산책 다녀오면서 기분이 좋았기 때문이었지. 그 고양이를 보고 꼬리를 흔든 거 아니야."

설희는 말했다. "그걸 내가 어떻게 알아? 그 고양이는 너한테 다가가서 뭐라고 한 건데?"

루카는 설희의 물음에 즉각 답했다. "아니 매일 어딜 그렇게 돌아다니냐고 묻기에 그냥 내 구역을 한 번씩 점검하고 돌아오는 거라고 답했을 뿐이야."

설희는 루카의 답변을 듣고 곧바로 이렇게 말했다. "내일부터 산책 나가지 마."

루카는 당황해하며 설희에게 말했다. "아니 갑자기 왜 그래. 진짜 아니라니깐?"

다시 설희는 루카에게 말했다. "알겠으니까 내일부터 산책 나가지 말라고. 안 그러면 이제 너랑 끝이야."

루카는 커다란 충격을 받으며 우선 알겠다고 하며 방 안으로 들어가 버렸다.

다음 날 루카는 약속대로 설희 곁에만 있었다. 마치 어린 시절 설희 곁에만 딱 달라붙었던 지난날의 시간을 재연하듯 말이다. 하지만 이미 자신의 본능을 깨달아버린 루카는 다시 예전처럼 가만히만 앉아 있기 힘들었다.

그렇게 일주일이라는 시간이 흘렀다. 약속대로 루카는 일주일 동안 전혀 밖에 나가지 않았다. 그런 루카의 모습에 어쩐지 더 감동을 받은 설희는 루카에게 다가갔다. 그리고 이내 곧 루카에게 말했다. **"요새 산책도 못했는데 괜찮아?"**

루카는 설희에게 말했다. **"괜찮아. 너는 기분은 좀 괜찮아진 거야?"**

설희는 루카에게 말했다. **"난 네가 산책 다녀와서 곧바로 나에게 그렇게 해명해줘서 이미 괜찮았는데?"**

루카는 당황해하며 설희에게 말했다. **"그럼 왜 산책하러 가지 말라고 했던 거야? 화난 거 아니었어?"**

루카의 물음에 설희는 답했다. **"아니. 그 고양이가 자꾸 신경이 쓰이잖아. 그래서 그랬던 거야. 너한테 화난 거 아니야."**

루카는 설희의 말을 듣고 어쩐지 허탈하다고 생각했다. 하지만 이내 곧 다행이라는 생각도 들었다. 그리고 곧바로 루카는 설희에게 한차례 제안했다. **"그럼 우리 같이 산책 가 볼래? 나가면 기분 좋아질 거야."**

루카의 물음에 설희는 답했다. **"예전에도 주인 따라서 밖에 몇 번 나간 적이 있는데 나는 스트레스 받아서 못 돌아다니겠더라고. 무섭기도 하고 해서 말이야."**

루카는 설희의 말에 이렇게 답했다. **"내가 지켜줄게!"**

설희는 루카의 당당한 말에 용기 내보기로 했다. 그리고 다음 날 설희는 루카와 함께 산책로로 향했다. 산책하는 동안 루카는 설희 옆에서 한순간도 떨어지지 않았다. 그리고 루카는 설희에게 이렇게 말했다. **"여긴**

다 내 영역들이야. 이제부터 내가 안내하는 대로만 따라오면 아무 문제 없을 거야. 그리고 내가 너 바로 옆에서 지키고 있을 테니까 만약 불안하다 싶으면 나를 봐. 오늘은 딱 10분만 돌아보자. 그리고 괜찮으면 그때 조금씩 시간을 늘려보자."

설희는 루카의 그 말이 꽤 마음에 들었나 보다. 그리고 딱 10분 정도라고 하니 그 정도는 충분히 해볼 만하다고 생각했다.

루카는 산책 중간중간 계속해서 설희를 바라보며 보살폈다. 설희는 루카의 그런 모습 덕분인지 조금씩 불안한 마음이 진정됨을 느꼈다.

설희의 불안한 마음을 이해하고자 노력한 강아지 루카와 조금씩 마음의 문을 열어보기로 한 고양이 설희. 강아지와 고양이의 이러한 노력 덕분에 둘 사이는 전보다 더 가까워지게 되었다. 그리고 그렇게 고양이와 강아지는 서로 소통하는 방법을 하나씩 깨우쳐가고 있었다.

간단한 이 이야기는 많은 메시지를 담아내고 있다.

첫 번째, 루카는 설희가 산책하지 말라는 그 말을 존중했다. 아마도 갑자기 산책하지 말라는 설희의 말에 루카는 순간 울컥 화가 치밀었을 수도 있다. 왜냐면 루카 입장에서는 산책 다녀와서 정말 기분이 좋은 마음에 꼬리를 살랑였던 것인데 그 모습을 설희가 오해한 것이니 말이다. 게다가 루카에게 산책은 자신의 본능과도 밀접하게 연관된 것이기에 이것을 하지 말라는 설희의 말을 온전히 받아들이기 힘들었을 수도 있다.

앞서 이야기했듯이 본능을 거부당하는 순간 우리가 느끼는 감정은 분노다. 짜증이 밀려올 수도 있고 치밀어 올라오는 화를 감당해내기 어려울 수도 있다.

하지만 루카는 그렇게 올라온 부정적인 감정보다는 오히려 설희의 마음에 더 공감하기로 했다. 그래서 순간 올라오는 분노와 짜증을 내려놓고 일주일간 묵묵히 설희와의 약속을 지켜내기로 한 것이다.

두 번째, 설희는 루카의 노력을 인정하고 그 마음에 공감하고자 했다. 사실 설희 입장에서 산책하지 못하는 루카의 마음을 이해하기란 거의 불가능하다. 왜냐면 설희는 루카와 다르기 때문이다. 설희는 자신의 영역 안에서 안정감을 느끼는 삶이 최상의 가치이기 때문에 산책의 중요성을 공감할 수 없을 것이다.

우리는 흔히 일상을 살아가다 보면 상대방의 노력을 바라보지 못하는 것 같다. 왜냐면 내 생각에 그 정도의 노력은 별것 아니라고 생각하기 때문이다. 하지만 남자가 여자의 말에 온전히 공감하며 들어주고자 하는 것은 스스로의 본능을 내려놓고 오직 여자의 마음에 공감하고자 노력하는 것이기 때문에 여자가 생각하는 것보다 훨씬 더 높은 노력을 이어가고 있는 것이다.

반대로 때로는 남자가 모든 문제를 내려놓고 잠시 자신의 감정을 추스르고자 하는 시기가 있을 수 있다. 흔히 '남자가 동굴 안으로 들어간다'는 이 말이 가리키는 것이 바로 이 시기인데 이때 남자는 도무지 풀리지 않는 문제 더미들을 잠시 내려놓고 혼자 생각을 정리하는 시간을 갖길 원하는 것이다. 여자를 더 이상 사랑하지 않음에 그렇게 행동하는 것이 아니라는 말이다.

이때 여자는 도무지 말을 걸어오지도 않고 무엇이 문제인지 이야기해주지 않는 남자를 보며 울컥할 수 있다. 하지만 여기서 남자를 위한 사랑은 그저 기다려주는 것이 전부다. 남자의 타이밍을 이해하고 존중하며 그저 기다려주고자 하는 노력이야말로 진짜 사랑이다.

여자는 이해할 수 없을 것이다. 여자는 문제가 생기면 그것을 함께 나누면서 공감대를 형성하고 그로 인해 더 원활하게 부정의 감정을 소모해버리는 것이 최상의 가치라고 생각하기 때문이다. 하지만 남자는 그와 반대로 풀어내지 못하는 그 문제에 좌절한 모습을 누구에게도 보이고 싶어 하지 않아 한다.

이처럼 고양이 설희는 어쩌면 스스로 이해할 수 없는 강아지 루카의 노력을 이해해보고자 노력한 것이다.

세 번째, 설희는 함께 산책하러 나가보지 않겠냐는 루카의 제안에 우선 승낙하여 시도해보고자 노력했다는 것이다. 어쩌면 우리는 나 스스로를 너무나도 잘 안다는 핑계 때문에 상대방이 원하는 무언가를 시도해보지도 않고 그것을 거절하는 것 같다. 물론 그렇게 거절하는 것도 하나의 방법일 수 있겠지만 아무것도 시도해보지 않고서는 어떠한 가능성도 존재할 수 없다는 점에서 바람직한 태도는 아니라고 할 수 있겠다.

설희의 입장에서 산책은 이미 이전에도 한 차례 시도해보았던 것이었고, 그 당시 극도의 스트레스로 이것은 나와 맞지 않다고 이미 판단했다. 하지만 강아지 루카의 제안에 일단 다시 한번 시도해보고자 노력했고, 이러한 노력이 결국 관계 안에서 더 행복한 모습을 끌어낼 수 있을 가능성을 만들어주게 되었다. 만약 고양이 설희가 루카의 제안을 단번에 거절했더라면 루카는 다시 시무룩해졌을 것이고 도무지 풀리지 않는 문제를 계속해서 고민하게 되었을 것이다. 그리고 이는 곧 관계 안에서 분명히 좋지 않은 영향력일 것이다.

네 번째, 강아지 루카는 고양이 설희의 노력을 결코 쉽게 보지 않았다. 설희 스스로도 노력하고 있음을 분명히 자각하고 있었고 산책하는 내내 설희가 불안해하지 않도록 설희 옆을 지켜주었다. 더불어 '내가 지켜줄게.'라는 말로 설희의 마음을 또다시 공감하고 이해해줌으로써 고양이 설희가 더 안전하게 강아지 루카에게 의지할 수 있도록 했다.

루카와 설희의 이러한 노력으로 인해 그들은 서로 더 원만히 소통하며 더 행복한 관계를 이어갈 수 있는 또 하나의 모습을 발견한 것이다.

처음에 그들에게 최선의 소통은 그저 방 안에서 가만히 앉아 있는 모습이었다. 그러나 그 모습이 고양이 설희에겐 최선일지 몰라도 강아지 루카에게는 결코 최선의 선택이 아니었다. 하지만 루카와 설희는 서로 이해를 바탕으로 소통하고자 했고 결국 산책하면서도 서로가 더 최상의 모습일 수 있는 또 하나의 그림을 발견하게 되었다.

이들의 관계가 더 원만한 방향으로 흘러갈 수 있었던 것은 바로 '더하기'의 관점이 아닌 '빼기'의 관점으로 상대를 대했기 때문이다. 내 기준에서 좋은 것들을 상대방에게 주고자 했던 것이 아니라 상대방을 이해하기 위해서 내가 가진 것 중 어떤 것을 '뺄 수 있을지' 고민했기 때문에 설희와 루카는 서로 더 원만하게 문제를 풀어갈 수 있었던 것이다.

이러한 '빼기' 소통법으로 인해 오히려 그들만의 최상의 모습을 하나씩 발견할 수 있었고, 이는 관계에서 보았을 때 분명 '더하기'로 작용할 만한 가치가 분명했다.

어쩌면 이 이야기는 단순히 이상적인 모습에 가까울 수 있다. 그럼에도 굳이 내가 이 이야기를 들려드린 이유는 우리가 관계를 이어가면서 이러한 이상적인 모습 하나 없이 만남을 지속하는 것은 마치 골인 지점 없는 마라톤을 하는 것과 같기 때문이다. 사실 관계 안에서 노력이라고 말할 수 있는 것은 너무나 다양하다. 그러나 이러한 노력을 토대로 얻을 수 있는 종착점이 각각 다를 수 있기에 관계 안에서 가장 이상적인 모습이 어떠한 모습일지 스스로 판단하고 그려보는 것이 무엇보다 중요하다.

나는 궁극적으로 내가 생각하는 가장 이상적인 모습의 관계, 내가 생각하는 가장 행복한 관계의 모습을 이상형 리스트로 적어보는 것을 적극 추천한다. 어떤 종교에서는 이 목록을 구체적으로, 더 디테일하게 적어보라고 한다. 그래서 누군가는 이상형 리스트에 적힌 목록이 100가지가 넘기도 한다. 하지만 나는 딱 10가지에서 13가지의 정도로 압축 요약하라고 강조한다. 왜냐면 항목이 많으면 많을수록 상대에게 더 많은 잣대를 들이밀게 되기 때문이다. 그리고 그 100가지 기준에 100% 부합하는 사람을 찾아내기란 불가능할 것이다.

여러분 역시 수백 가지의 이상형 리스트가 있을 수 있겠지만 그것을 압축하여 10가지에서 13가지 정도로 정리해보라. 그리고 그것을 매일 아침, 저녁으로 읽어보라. 그 시간들이 쌓인 어느 날 스스로 되돌아보았을 때 여러분은 깜짝 놀랄 것이다. 왜냐면 정말 그러한 연애를 하고 있는 자신의 모습을 발견할 수 있을 테니 말이다.

나 역시 그것을 이루어낸 산 증인이다. 게다가 이미 세상엔 이 이상형 리스트로 하여 자신의 짝을 만나게 된 수많은 케이스가 존재하기 때문에 반드시 여러분에게도 그러한 기적이 일어날 수 있음을 확신한다.

여러분이 그토록 바라는 행복한 관계의 모습은 어떤 모습인가?

06.

어느 날 장모님이 나에게 이렇게 말씀하셨다. "우리는 서로 사랑하면 자꾸 무언가를 주려고 하는 것 같다. 그런데 내가 살아보니 진짜 사랑은 자꾸 좋은 것을 주려고 하는 것이 아니더라. **진짜 사랑은 그 사람이 하지 말라고 하는 무언가를 하지 않으려고 하는 노력인 것 같다.**"

나는 이 말을 들으면서 영혼 속의 깊은 울림을 느끼게 되었다. 정말 맞는 것 같다. 우리는 사랑한다는 명분으로 그 사람이 원하지도 않는 무언가를 자꾸 주려고 한다. 하지만 분명한 건 그 사람은 그것을 원한 적이 없다는 것이다. 그 사람은 그것을 원한 적이 없기에 어쩌면 내가 생각하는 리액션보다 더 소극적인 리액션을 펼칠 수도 있다. 그리고 우리는 상대의 소극적인 리액션을 보며 실망하고 상처 입는다. 왜냐면 나는 상대에게 정성 가득한 사랑을 분명 전했는데 상대방은 나의 사랑을 알아주지 않는 것 같기 때문이다.

내 사랑이 무시 받는 듯한 느낌이고 심지어 내가 사랑받지 못한다고 생각하기까지 한다. 하지만 이는 곧 나만의 착각이다.

상대방은 나의 이러한 사랑을 받고 어쩌면 당황했을 수 있다. 게다가 미안한 감정이 들었을 수 있고 또 그와 반대로 여러 가지 감정이 찾아왔을 수 있다.

하지만 나는 한 가지 공통된 바람을 갖고 이 선물을 준비했을 것이다. 바로 상대를 감동시키고 싶다는 나만의 바람으로 말이다. 물론 감동을 주고자 하는 이 마음이 잘못된 것은 아니지만 그 목표는 온전히 나만의 바람이었던 것이지 상대방의 의사와는 전혀 무관하다는 것이다.

결론지어 보면 감동을 주고자 하는 그 마음은 결국 나만의 바람이다. 그리고 그것을 준비하는 내내 나는 내 생각대로 상대방의 리액션을 결정지었을 수 있다. 그리고 내 생각만큼 상대의 반응이 나오지 않게 되면 우리는 실망하게 된다.

그런데 분명한 건 그건 사랑이 아니다. 그것은 어쩌면 욕심이다.

상대방이 싫어하는 행동 한 가지를 하지 않으려고 하는 노력이 진짜 사랑이다. 잘 생각해보면 여러분 역시 납득할 것이다. 왜냐면 상대방이 하지 말라고 피드백을 주는 것이라면 어쩌면 그것은 나도 모르게 무의식적으로 행하는 내가 좋아하는 무언가이기 때문이다.

그렇기에 이것을 고치려고 노력하는 행동이야말로 진짜 사랑의 힘이라 할 수 있겠다.

사람은 절대로 타인의 노력이나 의지만으로 변화되지 않는다. 나를 변화시킬 수 있는 건 오로지 '나'라는 존재밖에 없다. 스스로 내적 동기를 가지고 나의 행동을 통제하지 않는다면 절대로 나의 모습은 변화되지 않는다. 그리고 어쩌면 사랑이야말로 나에게 긍정의 내적 동기를 가져다줄 수 있는 유일한 수단인 것 같다. 생각해보라. 내적 동기를 가져다줄 만한 상황이라고 한다면 대부분 극단적일 것이다.

예를 들어 담배를 끊겠다는 내적 동기는 어떤 것들이 있을까? 수년간 피워온 담배 때문에 찾아온 폐암은 아마도 죽을 만큼 힘든 상황일 것이다. 암 투병하는 내내 정말 고통스러울 것이고 그로 인해 주변의 가족들 역시 굉장히 고통스러울 것이다. 어쩌면 내 고통보다 옆에서 함께 고통받는 가족들을 볼 때면 정말 오만가지 생각이 펼쳐질 수 있다. 그리고 이어서 생각할 것이다. 담배 정말 지긋지긋하다고. 담배를 처음 피웠던 그 순간을 영원히 후회한다고 말이다. 어쩌면 이러한 동기야말로 담배를 끊을 수 있는 정말 극단적인 상황일 수 있다.

이처럼 우리 인간은 정말 위급한 상황, 그리고 정말 엄청난 충격을 받아야 겨우 나의 모습을 바꿀 수 있다고 한다. 그리고 그런 극단적인 동기와 같은 수준의 에너지를 줄 수 있는 것은(그나마 가능성을 얻을 수 있는 것은) 분명 사랑이라는 감정밖에 없을 것이다. 그렇기에 사랑은 어쩌면 더하기보다 빼기라는 말이 더 와닿는 것 같다.

흔히 사랑으로 상대를 변화시키고자 하는 노력은 반드시 실패한다고 한다. 그만큼 긍정적인 내적 동기만으로 사람은 변화되지 않는다는 것이다. 아니 더 정확히는 변화될 가능성이 희박하다.

하지만 그럼에도 그 희박한 가능성을 현실로 가져오는 사람들이 있다. 만약 지금 내가 상대방을 위해 나의 행동의 무언가를 고치고자 움직이고 있다면 절대로 그 상대를 놓치지 않길 바란다. 왜냐면 여러분의 그 사람은 그처럼 희박한 가능성을 뚫고 여러분에게 내적 동기를 가져다줄 만큼 소중한 사람임이 분명하니 말이다.

그리고 그런 사람이야말로 헤어지고 난 이후 절대로 잊지 못하는 상대일 테니 옆에 있을 때 최선을 다해 사랑하길 바란다.

그리고 사랑은 더하기가 아니라 빼기라는 이 말의 의미를 꼭 다시 한번 되새겨 영혼 깊숙한 곳에 새겨넣길 바란다. 이 한 문장이 나비효과가 되어 분명 여러분의 관계를 더욱 행복한 방향으로 이끌어갈 테니 말이다.

CHAPTER 2

연애도
시스템이다

연애 시스템
만들기

07.

삶의 레벨에 따른 인연의 주파수는 존재한다

운명학을 연구하는 분들의 공통적인 이야기가 있다. 특히 '타로 마스터 정회도'는 운의 흐름을 파악하는 방법으로 최근 내가 자주 연락하고 있는 지인 5명을 분석해보라고 전했다. 객관적으로 그들이 지금 어떠한 모습을 하고 있는지 등을 판단해보고 그것의 평균을 내본 값이 지금 나의 운의 흐름이라는 것이다.

이렇듯 내 주변 사람은 나와 비슷한 생각의 주파수를 가지고 있는 사람들이다. 흔히 우린 이런 이야기를 한다. 사람은 끼리끼리 만난다고 말이다. 또 성공학에서도 말하길 '부자가 되고 싶으면 부자에게 점심을 사라.', '변화되고 싶다면 내 주변 사람부터 바꾸어라.'라고 말한다. 이 말이 가리키는 본질은 결국 같다. 인연이란 내 삶에 커다란 영향력을 행사하는 가장 중요한 본질이라는 것이다. 왜냐면 우리 인간은 결국 관계 안에서 삶을 살아가기 때문이다.

하다못해 나와 스치는 인연도 나와 비슷한 생각의 주파수대를 가지고 있는 사람들일 것이다. 생각해보아라. 클럽을 좋아하는 사람의 경우 나와 스치는 인연 또한 클럽 안에 있을 것이다. 반대로 자기 계발에 미친 사람들 역시 나와 스치는 인연 또한 그와 같은 사람일 것이다. 즉 지금의 내가 어떤 곳에 있는지에 따라 나와 스치는 인연도 결정된다는 것이다.

이처럼 스치는 인연도 내 인생에 중요한 지표가 되곤 하는데 하물며 내 인생의 동반자를 결정짓는 문제인 연애, 결혼은 내 인생의 판도를 뒤집어버릴 수 있을 만큼 중요하고 또 중요하다.

하지만 그에 비해 우리는 남녀 관계를 상당히 과소평가하고 있는 것 같다. 그렇기에 나는 이 책을 통해 남녀 관계의 중요성을 강조하고 싶었다. 그리고 그로 인해 이 책을 만나는 한 사람 한 사람이 더 행복한 관계의 모습을 스스로 이끌어낼 수 있도록 돕고 싶었다.

우리 한 사람 한 사람이 변화될 때 우리 사회는 더 행복한 방향, 더 풍요로운 방향으로 나아갈 수 있다고 믿기 때문이다.

다시 돌아와서 나는 인연이란 단어를 이렇게 정의한다. 같은 주파수대에 있는 존재들이 우연으로 이어져 운명이 된 사람들이라고 말이다. 예를 들어 서울 연·고대와 같은 명문대생과 지방의 이름 없는 어느 대학의 학생이 서로 만나 연애하여 가정을 꾸릴 확률이 얼마나 될까?

가능성이 없진 않을 것이다. 왜냐면 지방대생이라고 하더라도 삶의 레벨을 끌어올려 자신만의 일을 추진할 수 있고 그것이 또 경지에 올라 명문대와 지방대라는 갭 차이를 깨버릴 수 있을 확률 또한 존재하기 때문이다. 특히 현시대는 플랫폼 시대이다. 게다가 대학 졸업장이 '부'를 보장해주지 않기 때문에 점점 더 학벌에 대한 경계는 허물어지고 있다고 믿는다.

하지만 그럼에도 일반적으로 놓고 보았을 때 명문대에 진학했다는 사실은 지방대의 학생보다 더 높은 주파수대에 있는 존재임은 분명할 것이다. 왜냐면 10대 학창 시절에 이미 자신이(또는 타인이) 정해 둔 1차 목표를 성공적으로 달성했다는 뜻과 같기 때문이다.

쉽게 생각하여 지방의 이름 없는 대학 진학에 진학하고자 구체적인 목표를 세우는 사람은 없을 것이다. 오히려 누구나 이름만 들어도 인정받을 만한 대학에 진학하고 싶은 것이 사람의 마음일 것이고, 그를 실현하기 위해 더 구체적인 목표를 세우는 것이 분명 더 합리적인 생각일 것이다. 그리고 이것을 증명해주는 수치는 해당 학교(학과)의 경쟁률일 것이다. 사람이 몰렸다는 것은 수요가 집중되었다는 것이고 많은 사람이 그곳을 목표로 했다는 것을 뜻한다. 이것 토대로 다시 생각해본다면 명문대에 진학했다는 것은 10대 학창 시절 내가 목표로 했던 그 지점에 도달했다는 것을 가리킬 것이다. 그리고 이렇게 한 번 목표를 달성하는 방법을 깨달은 사람은 계속해서 어떻게 하면 내가 원하는 목표에 도달할 수 있는지 알기에 계속해서 더 높은 곳을 향해 도전하게 될 것이다.

물론 명문대라고 하여 모두가 목표에 도달하는 방법을 깨닫는다는 것은 아니다. 어쩌면 목표를 설정하는 방법부터 다시 찾아야 할지도 모른다. 하지만 내가 이 이야기를 구체적인 예시로 들며 계속 강조하고 있는 이유는 단 한 가지다. 최소한 이들은 10대 학창 시절, 자기 삶의 레벨을 더 고레벨로 높이고자 몰입했다는 것이다.

그냥 의식의 흐름에 따라 공부하고 그렇게 수능 봐서 적절히 성적에 맞는 대학에 진학하게 된 사람과 스스로 목표한 대학에 성공적으로 진학한 사람은 분명 다를 것이다. 그리고 그런 삶의 태도로 인해 20대, 성인이 된 이후의 삶이 나뉘게 된다.

이처럼 나는 목표지향적인 삶을 살아가면서 점점 시간의 밀도를 높이려고 하는 사람들을 가리켜 삶의 레벨이 점점 더 고레벨로 향하고 있는 사람이라고 표현한다. 반대로 지금의 현실에 더 집중하며 당장의 쾌락만 좇는 삶의 태도를 가리켜 삶의 레벨이 점점 더 저레벨로 향하고 있는 사람이라고 표현한다.

다시 정리해보면 우리의 삶의 레벨은 내 생각의 방향에 따라 점점 더 고레벨로 향할 수도 있고 점점 더 저레벨로 향할 수도 있다. 그리고 인연이란 이 삶의 레벨이 향하는 방향이 같은 사람 중 '우연한 계기'로 만나 결국 '운명'이 된 사람들이라고 정의한다.

예를 들어 같은 대학교의 CC라고 가정해보자. 같은 대학에서 만난 그들은 적어도 첫 만남의 시기엔 분명 같은 삶의 레벨의 주파수대에 있는 사람이었을 것이다. 그러나 삶의 레벨이란 앞서 말한 것처럼 생각의 방향에 따라 점점 고레벨로 향하다가도 다시 저레벨로 향할 수도 있고, 저레벨로 향하다가도 다시 고레벨로 향할 수 있다. 이처럼 삶의 레벨은 내 생각의 방향에 따라 계속해서 움직인다.

같은 대학의 CC라고 함은 우선 비슷한 삶의 레벨에서 만난 사람이었을 것이다. 그러나 커플이 되고 난 이후 삶의 레벨은 그들의 생각의 방향에 따라 다시 극과 극으로 나뉘게 된다.

예를 들어 남자는 자기 삶을 더욱 개척하고자 하는 의지로 삶을 살아가고 있다. 필사적으로 학점관리부터 하여 대외 활동까지 병행하고 시간의 밀도를 점점 더 높여가고 있다. 이것은 분명 삶의 레벨이 점점 더 고레벨로 향하는 방향이 분명할 것이다. 하지만 이와 반대로 여자는 지금, 현재의 삶에 더 집중하고자 한다. 그러니까 지금 이 시기를 '즐기자'는 태도로 삶의 방향이 맞춰진 상태이다. 여자는 분명 남자와는 반대로 점점 삶의 레벨이 저레벨로 향하고 있고 그렇게 약 2년간 서로 만났다고 가정해보자. 과연 2년 뒤 두 사람의 삶의 레벨은 여전히 2년 전과 같은 레벨에 맞춰진 상태일까? 분명 아닐 것이다.

남자는 삶의 방향을 점점 더 고레벨로 향하게 했던 만큼 삶의 레벨이 더 올랐을 것이다. 분명 2년 전과 비교하지 못할 만큼의 성취를 이루어냈을 수 있을 것이고 분명 2년 전보다 더 많은 꿈을 꾸고 있는 상태일 수 있다. 반면 여자는 때로는 고레벨로, 때로는 저레벨로 삶의 방향이 요동치면서 딱히 이렇다 할 성취를 이루어내지 못했을 수 있다. 삶의 레벨은 최소한 대학에 진학했을 당시, 딱 그 정도의 레벨을 유지했을 수는 있으나 성장하진 못했을 수 있다.

만약 이런 경우라면 두 사람의 삶의 레벨이 달라짐에 따라 두 사람은 점점 생각의 주파수가 달라지게 되었을 것이다. 이때 생각의 주파수가 달라졌다고 하는 것은 남자와 여자의 차이를 떠나 점점 상대방이 도대체 왜 그런 생각을 하고, 그런 행동하는 것인지 이유를 모르겠다는 것과 같다. 점점 서로가 서로에게 공감하지 못한다는 것이다.

흔히 남자들이 더 어린 여자와의 만남을 기대하며 무조건 어릴수록 좋아한다고 생각하는데 이것은 큰 착각이다.

내 주변만 둘러보아도 나이가 네 살 이상 차이가 나면 대화가 되지 않는다고 말하며 진지한 만남을 생각하길 거부한다. 이 경우 나이가 많은 남자나 여자 쪽에서 그냥 어느 정도 포기하고 대충 맞추고 넘어가 버리는 경우가 있는데 이런 경우 끝이 좋은 경우를 보지 못했다.

이처럼 우리의 인연이란 같은 삶의 레벨에서 우연한 계기로 만나 운명이 되었을 때 이어지게 된다. 하지만 분명한 건 삶의 레벨은 계속 변화한다는 것이다. 그렇기에 지금 당장 같은 주파수대에 있는 삶의 레벨이라고 하더라도 시간이 흐름에 따라 점점 차이가 날 수 있다는 것이다. 앞선 예시처럼 한쪽은 점점 삶의 레벨을 높여가는데 한쪽은 아무런 노력도 하지 않고 그저 지금의 순간을 즐기고자 한다면 반드시 문제는 발생하게 된다.

그리고 이렇게 점점 틀어지는 삶의 레벨에 따라 발생하는 문제, 그리고 그 문제로 인해 상처받게 되는 상황을 가리켜 나는 '상처받는 연애의 알고리즘'이라고 표현한다.

그렇다면 점점 변화되는 삶의 레벨에 따라 남녀 관계는 상처로 끝날 수밖에 없는 것일까? 아니다. 남녀가, 아니 더 나아가 부부가 더 이상적으로 소통하는 방법은 분명히 존재한다.

행복이 지속되는 남녀 관계란?

나는 행복한 가정을 지속하기 위한 필수 조건으로 부부는 반드시 삶의 레벨을 동일하게 맞춰야 한다고 생각한다. 게다가 만약 부부가 똑같은 삶의 태도로, 그러니까 점점 고레벨로 향하는 방향에 두 사람 모두 맞춰 있다고 하더라도 나아가는 속도가 또 다를 수 있기 때문에 반드시 부부는 공통의 관심사 또는 목표를 설정하여 지속적으로 소통하고 그렇게 페이스를 맞춰 나아갈 필요가 있다. (이인삼각 경기를 한다고 하면 이해가 빠르겠다.) 그렇기에 만약 가정 안에서 남자와 여자의 언어 차이를 좁히지 못한 상태라면 당연하게도 부부는 서로의 속도를 맞출 수 없을 것이고 분명 관계 안에서 문제가 발생할 것이다. (결혼은 현실이다.)

한 가지 에피소드가 생각나는데 내가 논산 조교로 군 복무를 하고 있을 때였다. 주말에 훈련병을 이끌고 교회로 가서 예배에 참석했을 때였는데 그 당시 목사님이 준비한 설교 주제는 결혼 생활에 대한 이야기였다.

"부부는 공통된 관심사가 필요합니다. 왜냐면 부부에게 공통된 관심사가 없다면 두 사람의 대화는 곧 단절될 것이기 때문이죠. 그렇다면 부부가 공통된 관심사로 가질 수 있는 것들이 무엇이 있을까요?

취미생활? 수많은 취미생활이 존재하겠지만 사람의 열정은 유한합니다. 게다가 관심사를 좋아하는 열정에도 분명 차이가 있을 거예요. 예를 들어 술을 좋아하는 부부가 있다고 가정해봅시다. 두 사람 중에서도 술을 더 좋아하는 사람과 덜 좋아하는 사람으로 분명 또 나뉠 것이기 때문에 어느 순간 술을 덜 좋아하는 사람은 아예 술을 좋아하지 않는 쪽으로 돌아설 수 있어요. 이처럼 취미생활의 경우 그것을 좋아하는 마음의 온도 차이가 있기에 또다시 갈등은 빚어지게 됩니다.

그렇기에 부부의 공통된 관심사는 반드시 무한히 지속될 수 있는 무언가여야 합니다. 그리고 이 세상에서 무한한 가치는 영적인 세계밖에 없습니다. (이하 생략)"

그 당시 들었던 목사님의 메시지를 내 기준에서 다시 한번 풀어보고자 한다.

무한히 지속될 수 있는 영적인 가치, 그것을 더 자세히 들여다보면 2가지 정도로 요약할 수 있다.

첫 번째, 남자의 영웅심리이다. 그리고 관계 안에서 영웅심리가 매개체가 되어 서로의 본능을 충족시킬 수 있을 때 부부 관계는 더욱 행복해질 수 있다. 앞서 강조했듯이 남자는 여자를 만족시키고자 노력하고 여자는 남자의 그 노력을 칭찬할 수 있을 때 두 사람의 관계는 더욱 촘촘하게 연결될 것이다. 그리고 남자와 여자의 이 본능은 두 사람이 살아 있는 평생 지속될 수 있는 무한한 가치이기 때문에 남녀 두 사람의 본능이 서로 연결될 때 부부 관계는 더 끈끈하게 이어질 수 있을 것이다.

그리고 두 번째, 공통된 삶의 레벨을 유지하는 것이다. 그리고 더 나아가 서로의 속도를 인정하고 맞춰가고자 노력하는 자체이다.

앞서 말한 이 삶의 레벨을 조금 더 와닿게 표현해본다면 결국 '경제관념'이다. 그리고 삶의 레벨이 점점 더 고레벨로 향한다는 것은 현실의 여러 가지 장애물을 뛰어넘고 우리 가정이 더욱 부유해지고자 나아가는 목표지향적인 삶을 가리킨다. 어쩌면 부부에게 이 목표지향적인 삶의 태도는 지극히도 당연한 가치일지도 모르겠다.

부부 관계 안에서 무한히 지속되어야 할 가치 중 이 2가지 내용은 반드시 한쪽으로 치우쳐지면 안 된다. 만약 첫 번째 가치에만 초점을 맞춘다면 아마 현실적인 가치는 점점 뒤로한 채 이상만 커져 가게 될 것이다.

만약 지금 연애 중이라면 아직까지는 첫 번째 가치에만 초점을 맞춰도 상관없다.

그러나 결혼까지 생각하는 경우라면 반드시 두 번째 가치인 현실적인 문제에도 두 사람의 초점을 맞춰야 한다. 그것은 자본주의 안에서 한 가정을 지켜내는 생존과 직결된 문제이기 때문이다.

그리고 반대로 두 번째 가치에만 초점을 맞춰서도 안 된다. 흔히 남자들이 많이 범하는 실수인데 최근 방영된 한 드라마에서도 잘 표현되어 있다.

해당 드라마 마지막 회차에서 묘사된 장면인데 드디어 병원장 타이틀을 따내게 된 남자 주인공은 병원장실에 앉아 가만히 생각한다. 드디어 꿈에 그리던 순간을 맞이했지만 결국 이 순간을 함께 하고자 했던 가족들은 그의 곁에 남아 있지 않았다.

이처럼 두 번째 가치는 자본주의로부터 내 가정을 지키고자 하는 생각에서 비롯되는 것이다. 이는 현시대에 생존과 직결된 문제이기 때문에 더욱 그러할 것이다. 가난을 극복하여 내 집을 마련하고 일정 수준의 부를 이루겠다는 생각 자체가 바로 두 번째 가치인데, 착각하지 말아야 할 것은 이 두 번째 가치만 가지고는 아무것도 지켜낼 수 없다는 것이다.

두 번째 가치는 첫 번째 가치와 함께할 때 비로소 더욱 빛날 수 있다.

지금 돌아보면 나 역시 이 가치를 착각하며 혼동했던 적이 있다. 반드시 연봉 10억을 벌겠다며 생각을 고정시킨 적이 있었다. 심지어 연봉 3억이 되지 않으면 절대 누구와도 만나지 않을 것이라고 이를 악문 시기가 바로 그 시기였다.

그러나 지금 생각해보면 정말 아찔하다. 하지만 다행히도 나의 그 생각을 깨줄 귀인을 만나게 되었고 그로 인해 지금의 아내를 만날 수 있었다.

가끔 아내를 안고 잠이 들기 전 문득 이런 생각이 들곤 한다. "참 행복하다."라고 말이다.

만약 연봉 3억이 되지 않으면 절대 누구와도 만나지 않을 것이라고 했던 그 당시의 생각을 지금도 이어가고 있다면 어땠을까? 당연하게도 결코 지금, 이 순간과 마주할 수 없었을 것이다. 게다가 이전엔 연봉 10억을 벌겠다는 그 생각 속에 아무런 모습도 담겨 있지 않았다. 아마도 그것은 구체적인 목표가 없었음을 뜻할 것이다. 결국 이 모든 것을 종합해보면 나는 그 시기에 연봉 10억이라는 허상에 목숨을 걸고 있었던 것이다.

그러나 지금은 연봉 10억의 모습을 구체적으로 그릴 수 있게 되었다. 57층 한강뷰를 품은 우리 가정의 모습. 그 안에서 웃고 있는 아내와 자식들, 그리고 반려동물의 모습이 지금도 눈에 선명하다. 게다가 점점 더 이 행복을 내 눈앞에 끌어당기겠다고 생각하면 발끝에서부터 전율이 올라와 행복한 감정이 내 오감을 감싸 안는다. 그러면서 저절로 힘이 솟아나고 동기부여가 되어 다시 지금 나의 순간에 몰입하자는 삶의 태도로 시간의 밀도를 높여가게 된다.

만약 허상을 좇고 있었던 나의 그 생각을 깨지 못했다면 나는 지금까지도 나의 목표를 구체화할 수 없었을 것이다.

여러분도 자신이 진정으로 바라며 추구하는 행복의 이미지를 더욱 선명하게 그려보길 바란다. 그리고 그 이미지가 두 번째 가치와 직접적으로 연결될 수 있을 때 분명 지금보다 더 적극적인 삶의 태도로 삶의 레벨을 높여갈 수 있을 것이다.

첫 번째 가치인 남녀 관계의 이상적인 모습과 두 번째 가치인 자본주의로부터 내 가정을 지키는 현실적인 모습이 조화를 이룰 때 분명 두 사람의 관계는 더욱 행복한 방향으로 나아갈 수 있을 것이다.

끌어당김의 법칙이 행복한 관계를 완성시키는 과정

끌어당김의 법칙은 '내 생각이 현실을 만든다'는 의미를 담고 있다. 아마 론다 번의 『시크릿』을 통해 이 끌어당김의 법칙을 접한 분들이 많을 것이라 생각한다. 하지만 착각하지 않기를 바란다. 끌어당김의 법칙은 내가 가만히 앉아서 생각만 한다고 내 현실이 반응하여 변화되는 그런 판타지 같은 요소가 아니다. 오히려 내 생각을 내가 원하는 것에 집중, 몰입하여 자연스레 나의 행동이 그 목표를 향해 나아가는 상태를 뜻하는 것이다. 특히 우리의 뇌는 생각과 현실을 구분하지 않는다고 한다. 그렇기에 내가 목표에 초집중하고 그것이 이미 나의 현실이 된 것처럼 나의 오감으로 느끼는 순간 우리 잠재의식에서는 그 목표를 달성해낼 여러 가지 아이디어를 이끌어내게 된다고 한다. 그리고 그 아이디어는 잠재의식에 각인된 상태로 남아 있다가 어느 날 갑자기 수면 위로 떠오르면서 우리는 유레카를 외치게 된다.

그리고 그 아이디어는 내가 생각하기에도 너무나 획기적이어서 그것을 즉각 실행하면 반드시 이루어질 수 있다는 확신까지 이끌리게 된다. 따라서 우리는 유레카를 외치는 순간 자연스레 동기부여를 받고 그로 인해 우리는 즉각 실행하는 상태까지 이어지게 된다.

우리는 하루를 살아가면서 약 5만 가지 선택을 한다고 한다. 그런데 만약 그 5만 가지 선택 중에 내가 생각하고 바라는 그 목표만을 위한 선택을 이어가게 된다면 어떻게 될까?

분명 어느 순간 뒤를 돌아보았을 때 내가 생각한 그 모습이 현실이 된 모습과 마주하게 될 것이다.

그리고 이 끌어당김의 법칙은 우리 남녀 관계에서도 그대로 적용된다. 그렇기에 내가 상상하며 그려갈 수 있는 행복한 관계의 모습을 먼저 제대로 바라보는 것이 중요하다. 앞서 이야기했던 10~13가지 정도의 이상형 리스트를 적어보는 것이 중요하다는 이유가 바로 이것이다.

이상형 리스트는 내가 어떤 가치에 중점을 두는지 구체적으로 그려보고 적어보는 것을 뜻한다. 그리고 이것을 매일 소리 내어 읽어보면 우리의 뇌에서는 지속적으로 입력되는 이 이상형 리스트의 가치가 정말 중요한 것이라 판단하면서 장기기억 형태로 무의식 깊숙한 곳에 저장하게 된다. 뇌에서는 이것이 생존과 직결된 문제라고 판단하기 시작하는 것이다.

그리고 그렇게 이상형 리스트가 무의식(잠재의식)에 입력되는 순간 우리의 잠재의식에서는 하나씩 그것을 달성할 수 있을 만한 아이디어를 떠올리고 일상을 살아가며 우리의 잠재의식이 활성화되는 어느 순간에 갑자기 유레카를 외칠 만한 아이디어가 불현듯 떠오른다.

이 끌어당김의 법칙을 단순히 부자가 되는 방법 정도로 생각하는데 그것은 큰 착각이다. 이 법칙은 우리의 삶의 모든 것을 주관하는 절대적인 법칙이다. 그리고 우리의 삶 곳곳에 깊은 영향력을 행사한다.

이처럼 여러분이 생각하는 가장 이상적인 모습을 구체적으로 그려보길 바란다. 그리고 그 모습을 이루어진 현실을 집중해서 바라보고 느껴보길 바란다.

다음 장에서는 여러분의 관계를 더욱 행복한 모습으로 이끌어 줄 연애 시스템을 만드는 방법에 대해 이야기하고자 한다. 관계를 대하는 데 나만의 규칙을 만들고 또 상대방과 함께 지켜갈 관계의 규칙을 만드는 것이다. 그리고 그것을 시스템화하는 것이다.

실제로 나 역시 이 연애 시스템을 작동시키면서 나의 연애는 지속적으로 내가 원하는 가장 이상적인 모습으로 나아갈 수 있었다.

나의 관계를 변화시킨 시스템인 만큼 여러분에게도 분명 관계의 터닝 포인트가 되어줄 것이라 확신한다. 그리고 여기서 강조하고 싶은 것은 다음 장을 읽기 전에, 그러니까 이 연애 시스템을 만드는 방법을 알아보기 전에 반드시 꼭 이상형 리스트를 직접 적어보라는 것이다.

이상형 리스트 목록은 10가지에서 13가지 정도로 압축 요약해서 적어보길 바란다. 이것을 하나씩 적어가다 보면 내가 궁극적으로 바라는 관계의 이상적인 모습이 선명하게 그려질 것이다.

꼭 이상형 리스트를 직접 적어본 이후에 다음 장에서 전할 연애 시스템을 만드는 방법에 대해 읽어보길 바란다.

내가 이렇게 강조하는 이유는 한 가지다. 여러분이 연애 시스템을 만드는 구체적인 방법을 하나하나 깨달았다고 하더라도 이 연애 시스템이 작동되어 궁극적으로 이끌어 낼 최종 결과가 없다면 이 연애 시스템은 여러분에게 절대로 어떠한 영향력도 줄 수 없을 테니 말이다.

08.

연애 시스템을 만드는 방법을 말하기 전에, 먼저 나의 연애 스토리를 이야기해 보고자 한다.

나의 첫 연애는 18살, 고등학교 2학년 때로 기억한다. 그리고 첫 연애 후 이별을 경험하면서 내가 느낀 감정은 아픔이었다. 그렇게 좋아한다고 말하더니 어떻게 그리 쉽게 이별을 선택할 수 있는지 도무지 이해할 수 없다고 생각했다.

첫 연애를 시작하면서 나는 자연스레 결혼까지 생각했던 것 같다. 자연스레 이 만남이 결혼으로 이어질 것이라 생각했고 영원히 지속될 것이라 생각했다. (당시 나는 주변 친구들 역시 평생 갈 것이라고 확신했다.) 그러나 현실은 내 생각과 180도로 다른 방향으로 흘러갔다.

나의 첫 연애는 100일이 채 이어지지 못했다. 이별의 이유는 간단했다. 당시 만나던 상대의 부모님과 친오빠가 만남을 반대하면서 이별을 맞이하게 된 것이었는데 내 문제가 아닌 관계 외적인 문제로 그렇게 이별을 맞이하게 되면서 나는 상당히 억울한 감정으로 그 상황을 바라보게 되었다. 나중에 알게 된 이야기지만 워낙 이성에 호기심이 많았던 상대는 이전에도 교회에서 만남을 이어갔고, 같은 교회에서 연애하는 것을 극구 반대해오던 가족들이 이번에도 이 사실을 알게 되면서 적극적으로 반대하며 나섰던 것이었다. 물론 상대 역시 상황이 안 좋게 흘러가면서 이별을 받아들일 수밖에 없었겠지만 불과 어제만 하더라도 좋아한다며 그렇게 고백하더니 이제는 그 말과 정반대의 모습으로 차갑게 나를 대하는 그 모습이 당시 내게 충격으로 다가왔다.

나는 그 당시 벌어지는 모든 상황을 제대로 받아들이지 못했다. 쉽게 이별을 받아들이는 상대도 이해되지 않았고 도대체 왜 이렇게 끝나야 하는지 도무지 이해할 수 없다고 생각했다.

극단적으로는 '너무나 당연하게 이 만남이 지속될 줄 알았던 내 생각이 문제였던 건가?' 하는 생각도 들기 시작했다. 그리고 결국 만남이라는 것이 이렇게 끝날 수밖에 없는 것이라면 나는 더 이상 만남을 이어가고 싶지 않다고 생각했다.

그렇게 나의 10대 학창 시절의 연애는 끝났다. 한동안 꽤 공허함으로 시간을 보냈고 그렇게 나는 관계라는 단어의 진중함을 조금씩 깨달아가기 시작했다.

두 번째 연애는 그로부터 약 3년 정도가 흐른 뒤였다. 원래도 이성에 대해 호기심이 가득했던 나는 20살이 되면서 생각했다. 나의 연애는 드라마 속 주인공처럼 가슴 벅찰 것이라고 말이다. 하지만 그 이후의 관계 역시 내 생각처럼 그렇게 아름답게만 흘러가진 않았다.

계속되는 짝사랑의 실패는 당시 나에게 한 가지 궁금증을 낳게 해주었다.

'내가 좋아하는 상대는 왜 대체 나를 좋아하지 않는 것일까?'

그런 생각에 점점 몰입될수록 거기서부터 파생된 여러 가지 부정적인 생각이 나의 자존감을 갉아먹기 시작했다. 그리고 그렇게 나의 20대 초반의 연애는 비극으로 물들기 시작했다.

짝사랑의 실패로 좌절하던 20세의 시기를 지나 21세가 되었다. 그 당시에 나는 연애를 포기해야겠다고 마음먹었다.

그런데 참 아이러니한 것은 그렇게 만남을 포기하니 갑자기 여기저기서 나에게 관심을 표현하는 것이었다. 우연히 참석했던 술자리에서 만남이 이루어지고, 아르바이트하면서 흔히 말하는 여자 사람 친구들을 정말 많이 사귈 수 있었다.

그렇게 조금씩 이성과의 만남이 잦아지기 시작하면서 자연스레 두 번째, 세 번째 만남까지 이어지게 되었다. 그리고 그렇게 관계의 '아픔'은 시작되었다.

'아픔'은 관계를 성숙하게 만든다

두 번째 만남부터 군대 가기 전까지의 만남을 나는 이렇게 정의하고 싶다. **'시행착오'**

두 번째 만남은 상당히 짧게 끝났다. 관계를 처음 시작하면서 헤어지기까지의 총기간이 불과 일주일밖에 되지 않으니 말이다. (대부분 일주일 만났다고 하면 그건 만난 게 아니라고 말하더라.) 게다가 일주일을 만나면서 헤어지고 다시 만나고를 반복한 것이 3번이나 된다.

마지막 3번째 헤어짐의 순간에 나는 생각했다. 이건 아니라고 말이다. 그래서 아주 단호히 이별을 받아들이자고 마음을 굳히기 시작했다. 그러자 오히려 상대는 그로부터 약 2주가량을 나에게 매달리며 붙잡았지만 한번 굳은 마음은 절대 꺾이지 않았다. 그리고 내가 그렇게까지 단호한 태도를 보였던 이유는 잦은 이별도 분명 있었지만 진짜 이유는 다른 데 있었다.

두 번째 상대와 처음 만나게 된 계기는 같은 대학의 다른 학과 친구가 초대한 술자리에서였다. 당시 술자리에서 생각하길 '그저 특이한 분이네.' 정도 생각하고 그렇게 헤어졌는데 다음 날 내가 아르바이트하는 장소로 직접 찾아오면서 만남은 시작되었다.

그렇게 만남을 시작하고 또다시 이어진 학과 술자리에서 나는 두 눈을 의심하게 되었다. 바로 같은 학과의 다른 남자 동기와 손을 잡고 걸어가는 상대의 뒷모습을 본 것이다.

애초에 비밀 연애로 시작된 만남이었기에 나는 그 자리에서 뭐 하는 짓이냐고 곧바로 묻지 못했고 술자리가 마무리된 다음에야 그 상황에 대해 직접 물어볼 수 있었다.

그리고 상대는 답했다. '나는 만남을 이어가는 상대가 나에게 더 표현해주길 바란다. 그래서 일부러 너의 질투심을 자극하기 위해 그런 장면을 연출한 것이다.'라고 말이다.

지금 생각해보면 참 말도 안 되는 헛소리라고 생각한다. 하지만 당시엔 그 헛소리에 설득당했다. 하지만 일주일간 만남이 끝난 이후에 알게 된 사실이지만 당시 그렇게 손을 잡고 있었던 남자 동기와도 교제 중이었고, 그 학과에 좀 괜찮다고 생각되는 남자 동기들과 전부 만남을 이어가고 있었다고 한다. (정리해보면 다른 학과 친구가 최초 나를 초대했던 그 술자리에 있던 대부분의 남자 동기들과 만남을 이어가고 있었던 것이다!!! 최소 5다리, 6다리를….)

참 혼란스러웠다. '원래 모든 만남이 결국 이럴 수밖에 없는 것인가?'라고 생각이 들면서 나의 연애 가치관이 흔들리기 시작했다.

학창 시절부터 내가 그린 가장 이상적인 연애의 형태는 서로를 배려하면서 누구보다 서로를 더 잘 이해할 수 있는 만남. 서로를 아끼기에 가끔은 다툴 수도 있지만 자존심 부리지 않고 서로에게 먼저 사과할 수 있는 그런 관계. 내가 그린 가장 이상적인 연애는 바로 이러한 모습이었다. 하지만 실제 연애를 이어가면서 나의 이러한 바람은 철저히 부정당했다.

이렇게 충격적인 두 번째 만남이 끝나고 다음 만남을 이어가면서 나는 그야말로 멘탈이 부서지게 된다. 게다가 아이러니하게도 세 번째 만남 역시 일주일 정도밖에 만나지 못했다.

두 번째 만남처럼 상대가 바람을 피운 것은 아니었지만 한 가지 크게 부딪히게 된 것이 있었는데 상대는 '섹스 중독'이었다.

이성에 대해 호기심이 많던 나였기에 어쩌면 그러한 만남을 지속하면서 쾌락만을 추구할 수도 있었겠지만, 그와 상반되게 20대 초반의 나는 신실한 기독교인의 가치관을 지닌 청년이었다.

어느 정도였냐면 이 세상 모든 남녀는 결혼하기 전까지 모두 혼전순결을 지키는 것으로 믿고 있었다. 혼전순결을 지키지 못하면 그 자체만으로 '죄'고 진짜 남자의 역할은 여자를 지켜주는 것이라 그렇게 믿고 있었다. 그랬기에 세 번째 만남은 그 자체로 나 스스로에 대한 시험이었다. 그리고 끝내 나는 그러한 관계를 거부했다. 그리고 상대는 말했다.

"나는 너 없인 살아도 섹스 없인 못 살아."

혼전순결이라는 가치관을 믿고 있던 나는 그 말 자체가 충격이었다. 왜냐면 내가 믿고 있는 세계와는 180도로 다른, 아예 다른 차원의 세계를 보는 것만 같았다.

나는 끝내 그 충격을 받아들이지 못하면서 또다시 허무하게 세 번째 만남을 끝내게 된다. 그리고 그때부터 내 안에 미세하게 남아 있던 여자라는 환상이 철저히 깨져버렸다.

그런데 신기한 건 '여자는 지켜주고 아껴주어야 하는 존재'라는 믿음이 깨지면서 한 가지 큰 변화가 생기게 되었다. 오히려 그때부터 점점 이성에게 인기가 많아지기 시작한 것이다. 이 말을 증명이라도 하듯이 당시 아르바이트할 때 내 별명은 삼천궁녀, 의자왕이었다.

여자에 대한 환상이 깨지니 오히려 여자 사람을 대함에 있어 더욱 자연스러워졌고 오히려 솔직한 나의 모습을 보일 수 있게 된 것이었다. 그렇게 되니 오히려 나에게 관심을 표현하는 이성은 더 많아지기 시작했다. 하지만 그 시기에 나는 두 번째, 세 번째 만남의 회의감 때문에 연애는 잠시 내려놓겠다고 하던 때였다. 그러다 보니 그 시기에 여사친이 더 많아졌다.

아이러니하게도 그 시기에 나의 자존감은 그렇게 점점 올라가기 시작했다.

그리고 나는 자연스레 선택의 순간과 마주하게 되었다. 학창 시절부터 그려온 나의 이상적인 연애 모습과 20대가 되어 내가 마주하게 된 연애의 현실. 이 2가지 가치관 중 한 가지를 분명하게 선택해야만 했다. 왜냐면 나는 연애를 하고 싶었다! 하지만 이전과 같은 연애는 더 이상 하고 싶지 않았다. 만약 학창 시절부터 꿈꿔온 나의 연애관을 선택한다면, 지금까지 내가 경험한 이 현실을 적극 부정해야만 했다. 사람은 경험으로부터 가치관이 형성되고 그 가치관으로 인해 현실을 해석하며 살아가게 된다. 그렇기에 당시의 나는 이전까지의 만남이 그러했듯 앞으로의 만남도 똑같을 것이라 생각하곤 했다.

하지만 좌절하고만 있을 수 없었다. 그래서 고민했다. 분명한 건 더 이상 이전과 같은 연애는 하고 싶지 않았다는 거였고 특히 쉽게 만나고 쉽게 헤어지는 연애는 더는 하고 싶지 않다고 생각했다. 그리고 분명 내가 꿈꾸는 그 이상적인 연애도 어딘가에 분명 존재할 것이라 확신했다.

선택의 기로에서 나는 생각했다. 만약 학창 시절의 연애관을 버리게 된다면 남녀 관계는 철저히 육체적인 관계 그 이상 그 이하도 아니라는 것을 받아들여야 한다고 말이다. 썸을 시작으로 그렇게 만남이 시작되고 그렇게 서로가 질려갈 때쯤 헤어짐을 반복하는 만남.

하지만 막연하게나마 나는 연애라는 것이 모두가 그렇게 뻔한 패턴대로 이어지는 것은 아니라고 믿고 싶었던 것 같다. 나는 꽤 오랫동안 이 문제에 대해 고민했는데 가끔은 술자리에서도 이것을 주제로 대화를 이어가 보기도 했다. 그리고 이 문제에 대해 대부분 비슷하게 답하곤 했다. "받아들여라."

그러던 중 한번은 정말 이 현실을 받아들여야만 하는 것인가? 라는 생각으로 나의 모든 생각을 집중한 적이 있다. 그리고 그 순간 내 안에서 불현듯 한 가지 메시지가 강하게 나의 머릿속을 강타했고 이는 곧 나의 연애에 있어 터닝포인트가 되어주었다.

"남녀 관계라는 것이 결국 육체적인 관계로 끝날 수밖에 없는 것은 분

명 팩트이다. 왜냐면 자연의 이치로 바라볼 때 남자와 여자의 만남은 결국 종족 번식이라는 목표를 가지고 있기 때문이다. 하지만 그것만이 관계의 절대적인 이유라면 사람이 동물과 다른 것이 무엇이란 말인가?

사람이기에 누릴 수 있는 권리가 바로 플라토닉 러브이다. 이것은 인간으로서 가질 수 있는 절대적인 권리이자 특권이다."

이 생각을 끝으로 나는 지금부터 플라토닉 러브를 할 것이라는 구체적인 목표를 설정하게 된다. 그리고 이 목표를 달성할 3가지 기준을 설정했고 이것을 내 주변에 선포하기 시작했다. 그리고 당시 대부분의 사람이, 아니 이 기준을 들은 모든 사람이 입을 모아 내게 말했다.

"돌아이야, 말 같지도 않은 소리 하지 마."라고 말이다. 그리고 이어서 말했다. 그 기준을 맞출 수 있는 사람은 절대 없을 것이라고 말이다.

지금부터 당시에 내가 세웠던 그 기준을 공개할 것이다. 총 3가지인데 나는 이 기준을 세우면서 극적인 터닝포인트를 맞이하게 되었다.

첫 번째, 썸은 최소 3개월을 타야 한다.

두 번째, 만남 이후 100일간 뽀뽀 이상의 스킨십은 절대 금지.

세 번째, 내가 생각하는 플라토닉 러브를 실현한다.

남녀 관계가 결국 육체적인 관계로 끝날 수밖에 없는 것이라면, 나는 그 시기를 최대한 뒤로 미루겠다고 생각했다. 육체적인 관계로 가기 이전에 반드시 플라토닉 러브를 최대한 만들 것이다. 나는 인간이기에 누릴 수 있는 특권을 최대한 누린 이후에 육체적인 관계로 만남을 이어갈 것이다.

내가 이렇게 극단적인 기준을 세울 수밖에 없었던 이유는 딱 한 가지였다. 모든 연애가 똑같을 수밖에 없는 것이라고 인정한다면 이 문제를 해결할 수 있는 길은 존재하지 않을 것이기 때문이었다. 나는 이 문제를 반드시 극복해내야만 한다고 생각했고 거기서 추론된 2가지를 인정해야만 했다.

우선 이 문제가 발생된 원인을 크게 2가지로 분류할 수 있었다.

첫 번째, 단순히 운이 나빴던 것이라 치부해버린다면 내가 할 수 있는 노력은 아무것도 없었다. 그저 운 좋게 나와 더 잘 맞는 사람이 나타나길 기다려야만 했기 때문이다.

하지만 나는 내가 생각하는 '행복한 가정'의 꿈을 단순히 운에만 맡겨버리고 싶지 않았다. 더 이상 무책임한 태도로, 될 대로 되라는 식의 태도로 나의 목표를 대하고 싶지 않았던 것이다.

그렇게 생각이 여기까지 도달한 순간 나는 비로소 두 번째 원인을 찾아낼 수 있었다. 인정하고 싶진 않았지만 **결국 모든 만남의 공통점이 있었으니 그것은 바로 '나' 자신이었다.**

인정하고 싶진 않았지만, 이것을 받아들여야만 앞으로 나아갈 수 있다고 생각했다.

그리고 이어서 생각했다. "그렇다면 도대체 나의 어떤 점이 문제였을까?"

그리고 이 질문을 스스로에게 던진 순간 문득 나의 뇌를 스치는 생각 한 가지가 있었다.

나는 혼전순결이라는 가치관이 있었음에도 동시에 이성에 대한 호기심이 강했다. 아니 조금 더 직접적으로 말하자면 섹스에 대한 호기심이 강했던 것 같다. 그리고 이 호기심은 결국 육체적인 관계를 더 강력히 원하는 사람과 인연이 이어질 수밖에 없었고 끝내 나의 가치관과 직접적으로 대립할 수밖에 없었다. 그리고 그렇게 나의 연애는 지옥으로 물들어 갔다.

즉 내 생각의 방향과 내 삶의 가치관이 대립할 수밖에 없는 만남을 이어갔기에 나의 연애는 고통으로 물들 수밖에 없던 것이다. **고통의 원인은 상대방이 아닌 바로 '나' 자신이었다.**

생각해보라. 내 생각이 끌어당기는 대상은 그 당시의 나처럼 육체적인 관계에 호기심이 가득한 이성뿐이었을 것이다. 하지만 나는 혼전순결이라는 가치관을 갖고 있었고, 그렇기에 섹스 중독에 걸려 '너 없인 살아도 섹스 없인 못 살아.'라고 말할 수밖에 없던 상황과 마주할 수밖에 없었던 것이다. 그리고 당연하게 생각과 이상이 부딪히니 나의 현실은 지옥이 된 것이다.

모든 문제의 원인은 아무것도 제대로 선택하지 않은 나의 무책임한 태도에 있다고 생각했다. 그렇기에 당시 나는 결단해야만 했다. 그리고 그 결단으로부터 플라토닉 러브를 위한 3가지 기준이 탄생하게 되었다.

주변 사람들 모두가 입을 모아 돌아이라고, 절대 불가능할 것이라고, 그냥 받아들이면 편하다고 그렇게 조언했다. 하지만 나는 그들의 의견 모두를 무시하겠다고 생각했다. 그러면서 나의 관계는 극적인 변화를 맞이하게 되었다.

인연이란 결국 같은 생각을 지닌 사람들과 연결고리가 맺어진다. 그리고 나의 관계가 극적인 변화를 맞이할 수 있었던 이유는 간단하다.

바로 생각의 방향을 바꾸었기 때문에 극적인 변화도 가능할 수 있었다. 여러분도 생각해보길 바란다. 앞서 말한 플라토닉 러브를 위한 3가지 기준에 동의해줄 수 있는 상대는 누구일까? (적극적으로 동의하진 않더라도 그래도 인정하며 받아들여 줄 수 있는 사람 말이다.)

아마도 딱 2가지 유형으로 구분될 것이다.

첫 번째, 나의 이 3가지의 기준과 결이 비슷한 가치관을 갖고 있어야 할 것이다. 생각이 같기에 비교적 수월하게 이 기준을 받아들여 줄 수 있을 것이다. (하지만 대부분 썸을 3개월 타야 한다는 이 기준에서 혀를 내두른다.)

그리고 두 번째, 아예 연애 경험이 없는 모태솔로라면? 어쩌면 비교적 받아들이기 쉬울 수 있다. 연애 경험이 없기에 아무런 기준이 없을 수 있다. 게다가 그게 아니더라도 연애에 미숙하기에 원래 썸이라는 게 이런 것인가? 하고 생각했을 수 있다.

(훗날 혼자서 속앓이할 상대방은 생각하지 않느냐는 주변의 질타에 이

기준은 다소 완화되긴 했다. 스스로 생각하기에도 이기적인 기준이라고 인정했기 때문이다.)

다소 엉뚱한 발상이지만 내 생각은 적중했다. 이 플라토닉 러브를 위한 3가지 기준을 설정하고 난 이후 진지하게 만난 3명의 이성 모두 모태솔로였다.

여기서 오해하지 말길 바란다. 확언하겠는데 내가 모태솔로만 찾아다닌 건 절대 아니다. 그저 나의 기준을 확고히 하고 난 이후부터 그 기준과 결이 비슷한 인연과 연결된 것이다.

이 플라토닉 러브의 3가지 기준을 확고히 한 덕분에 나는 내가 그리는 플라토닉 러브를 조금씩 실현해 갈 수 있었다.

하지만 분명한 건 이 기준을 설정한 이후 곧바로 극적인 변화를 맞이한 것은 아니라는 것이다. 실제로 이 기준을 설정하고 난 이후 처음 만나게 된 상대와는 약 한 달 만에 헤어지게 되었다. 당시에 나는 계속된 단기 연애로 인해 100일 트라우마라는 것에 시달리고 있었다. 다시 말하면 나는 이 기준을 설정하고 난 이후에도 이 100일 트라우마를 깰 수 없었던 것이다. 하지만 분명한 건 이전 만남과는 본질적으로 달랐다.

그리고 이후 두 번째 만남을 이어간 상대와는 약 1년이 조금 안 되는 시기까지 만남을 이어갔다. 이때 100일 트라우마를 깰 수 있었다. 그러나 그때 만남을 되돌아보면 상당한 고통으로 기억되곤 한다. 그 만남을 계기로 여러 사람과 원수가 되었고, 의형제로 지내던 형과도 상당히 틀어지게 되었다. 한 사람을 잘못 만나게 된 여파가 헤어진 이후에도 약 3년 정도 지속되게 되었고 나는 이때부터 인연의 영향력에 대해 크게 공감할 수 있게 되었다.

플라토닉 러브의 기준을 세운 후 만나게 된 두 번째 상대와는 군 복무 중 첫 휴가에 헤어지게 되었다. 첫 휴가에 헤어짐을 맞이하고 온 나를 보고 군대 선임과 간부들은 모든 관심과 정성을 다해 나를 위로하고자 했다. 왜냐면 그들이 바라보는 나는 관심병사였기 때문이다.

다시 돌아와서 남은 군 복무 기간인 21개월 동안 나는 항상 생각하고 또 생각했다.

"내 연애는 왜 이렇게 힘들 수밖에 없는가?" 그리고 이어서 생각했다. 다시는 내가 힘든 연애는 하지 않겠다고 말이다. 그렇게 21개월간의 생각을 끝으로 나는 전역했고 이전과는 정반대로 관계를 이어가고자 했다.

"이제는 내가 좋아하는 사람보다 나를 좋아해 주는 사람을 만나자."

이 생각을 시작으로 나는 약 3차례 만남을 이어가게 되었다. 그러나 이 생각에 반응한 만남 모두 일주일을 넘기지 못했다. 이는 20살이 되자마자 시작된 연애와 같은 패턴을 그리게 된 것이었다. 나는 그동안의 시행착오로 인해 무언가 잘못되었음을 직시할 수 있었다.

"나는 나를 좋아해 주는 사람보다는 내가 좋아하는 사람을 만나야 하는구나."

또다시 깨닫게 되면서 약 6개월간 공백기를 가졌다. 그리고 이 공백기를 끝으로 본격적인 세 번째 만남을 이어가게 되었다.

세 번째 만남은 꽤 오래 지속되었다. 약 7년 차까지 만남을 이어갔으니 누구도 이 만남이 오래 지속되었다는 것에 대해 태클을 걸 수는 없을 것이다.

그리고 이 시기에 나의 연애관 대부분이 정립되었다.

연애를 인생 전체의 장편 영화로 바라볼 때 연애 시스템은 작동된다

내가 이렇게까지 나의 연애 히스토리를 자세히 기록한 것은 흐름을 보여주고 싶었기 때문이다. 나는 현재 내 인생 최고의 상대와 결혼하여 행복한 가정의 모습을 실현하였다. 정말 특별한 인연으로 만나게 되었고 첫 만남에 불같이 사랑하게 되면서 서로의 아픔을 보듬어 줄 수 있는 관계를 이어가고 있다.

특히 가끔 크게 다투기도 하지만 이내 곧 서로의 마음에 더욱 공감해보고자 노력하면서 관계 안에서 설정한 우리의 규칙, 다툰 이후에 꼭 24시간 안에 화해하자는 관계의 약속을 철저히 지켜가고 있다. 그리고 그로 인해 점점 믿음의 크기를 키워가고 있다.

게다가 현재 출산을 앞두고 있다. 이 책이 세상으로 나오게 될 때쯤엔 우리의 행복한 가정의 모습은 더욱 구체화 된 상태가 될 것으로 보인다.

지금 돌이켜보면 20대 초반의 시기에 내가 바라던 그 이상적인 연애를 포기하지 않겠다고 결단한 선택은 내 인생 최고의 선택이 된 것 같다. 만약 당시에 내가 선택한 길이 육체적인 관계로 물드는 길이었다면 절대로 지금의 배우자와 인연이 닿지 못했을 것이다.

가끔 돌이켜보면 참 신기하다. 학창 시절 그렸던 이상적인 관계의 모습이 지금 30대가 되어 현실이 되었기 때문이다.

가끔 그런 생각을 하기도 한다. 지금의 이 행복한 현실을 맞이하기 위해 미래의 내가 10대, 20대의 나에게 전한 필연의 사건들이 아니었을까 하고 말이다.

당시엔 정말 좌절하기도 하면서 멘탈이 부서지기도 하는 등 큰 성장통을 겪기도 했지만 모든 과정이 결국 **'내가 꿈꾸는 가장 행복한 가정의 모습에 도달할 수 있는 구체적인 단계'**였음을 이제는 분명히 깨닫고 있다.

아마 미래의 나의 존재는 10대, 20대의 나를 바라보기에 분명 그 좌절 속에서 깨달음을 얻을 만한 사람이라고 굳게 믿었던 것 같다.

나의 첫 연애가 그렇게 억울함으로 끝났던 이유는 관계란 반드시 내 뜻대로만 흘러가지 않음을 직접적으로 깨닫게 해주고 싶었던 것 같다. 각자의 상황이 다르고 생각이 다르기에 상대는 분명 나와 다를 수 있다. 그렇기에 관계를 내 뜻대로만 통제하고 끌고 가려고 하기보다는 대화를 통해 서로 간의 규칙을 정하고 그것을 충실히 해나갈 수 있을 때 관계는 믿음으로 더욱 무장할 수 있게 된다. 그리고 관계 안에서 그러한 믿음이

자라날 수 있을 때 비로소 관계는 내가 그리는 이상적인 모습으로 흘러가게 된다.

또 20대 초반의 연애가 육체적인 관계에 대한 회의감으로 끝나게 된 이유는 첫 번째, 남녀 관계에서 나의 중심을 더욱 확고히 하라고 말해주고 싶었던 것 같다.

특히 남녀 관계가 무조건 육체적인 관계만을 위한 것은 아니라고 계속해서 말해주고 싶었던 것 같다. 그래서 두 번째 만남에서는 인간으로서 누릴 수 있는 특권에 대해 자각할 수 있다면 내가 생각하는 남녀 관계의 이상적인 모습을 분명 실현할 수 있다고 말해주고 싶었던 것 같다.

그렇게 나는 이 모든 과정을 통해 깨달을 수 있었다. 남녀 관계에서 1) 육체적인 관계와 2) 플라토닉 러브의 기준이 **균형을 이룰 때** 비로소 남녀 관계는 가장 이상적인 형태에 이르게 된다는 것을 말이다. 그리고 이렇게 균형을 이루는 상태가 될 때 비로소 결혼의 확신을 얻게 되는 2차 사랑의 구간, 즉 **'사랑의 지속기'**에 도달할 수 있다는 것을 깨닫게 되었다.

어쩌면 미래의 '나'는 궁극적으로 행복한 가정을 이루기 위해 반드시 선행되어야 할 이 '사랑의 지속기'에 대해 깨달음을 주고 싶었던 것 같다.

그리고 마지막 세 번째 만남을 거치게 한 이유는 진정으로 내가 원하는 이상형에 대해 더 구체적으로 깨닫게 해주고 싶었던 것 같다. 실제로 약 7년간의 연애를 끝내면서 나는 내가 만나고 싶은 이상형의 모습을 더욱 구체화하고자 했다. 그리고 즉시 이상형 리스트를 적었다. 그리고 그것들을 매일 읽어가면서 내가 만나고 싶은 이상형의 모습을 구체적으로 그려갔다.

그리고 우연한 계기로 지금의 배우자를 만나게 되었는데 배우자와 만난 후 어느 날 다시 이 이상형 리스트를 꺼내어 읽어보니 그 당시에 적은 13가지 이상형 리스트와 99.9% 맞아떨어지는 것을 확인할 수 있었다.

내가 학창 시절에 꿈꾸던 이상적인 관계를 현실로 가져올 수 있었던 건 분명 운 때문이 아니었다. 물론 운의 영향력도 어느 정도 있었을 것이다. 인정한다. 하지만 그 운을 끌어당길 수 있었던 건 지금까지의 이 모든 과정이 있었기에 가능했다고 생각한다.

여러분 역시 여러분이 그리는 그 행복한 관계의 모습을 단순히 운의 영향력이라고 판단하지는 않았으면 좋겠다. 오히려 여러분 스스로 운을 통제하여 가능성을 만들어낼 수 있길 바란다.

20대의 나는 내가 꿈꾸던 행복한 관계를 아무것도 보장되어 있지 않은 불확실함에 맡기고 싶지 않았다. 그래서 나는 모든 만남에서 내가 그리는 이상적인 현실을 끌어당기겠다고 다짐했다. 그렇기에 좌절도 있었다. 게다가 모든 만남의 끝에서는 항상 다음 만남의 이상적인 모습을 다시 그려보면서 실제로 내가 꿈꾸던 이상적인 관계와 더욱 싱크로가 맞는 그런 모습을 나의 현실로 가져올 수 있었다.

그리고 나는 이 모든 과정을 가리켜 연애 시스템이라 표현한다.

시스템의 사전적 의미를 보면 '필요한 기능을 실현하기 위하여 관련 요소를 어떤 법칙에 따라 조합한 집합체'를 뜻한다(출처: 네이버 국어사전). 즉 행복한 관계라는 기능을 실현하기 위하여 관련 요소를 어떠한 법칙에 따라 조합한 집합체를 가리켜 연애 시스템이라고 표현하는데 **각각의 구성요소를 살펴보면 다음과 같다.**

첫 번째, 연애라는 단어를 단순히 지금 만나는 한 사람으로 시야를 좁히는 것이 아니라 거시적인 관점에서의 연애로 시야를 넓히는 것이다. 즉 내 인생 전체의 기간을 놓고 보는 것이다. 내 인생을 놓고 볼 때 남녀 관계를 더욱 행복한 관계로 발전시키겠다는 것이 연애 시스템의 궁극적인 목표라는 것이다.

이렇게 연애를 거시적인 관점에서 보게 된다면

1) 모든 만남에 최선을 다하게 된다. 최선을 다하기에 이별의 아픔 역시 비교적 후회가 덜하다. 그렇기에 이별을 더욱 수월하게 받아들일 수 있다. 왜냐면 최선을 다했는데도 불구하고 이별을 맞이한 것이라면 결국 그 사람과 나의 관계는 거기까지라는 것을 더 잘 인정할 수 있게 되기 때문이다.

2) 모든 만남의 끝에서 다시 한번 나를 되돌아보게 된다. 내가 이전 만남에서 잘못한 점은 무엇이고 그것을 어떻게 개선해야 다음 만남에서 똑같은 실수를 되풀이하지 않을지 스스로를 점검해보는 것이다. 그렇기에 다음 만남에서 더 성숙한 연애를 할 확률을 스스로 높이게 된다.

나는 이렇게 관계를 다시 한번 되돌아보고 점검해보는 것이야말로 진정한 끝이라고 생각한다. 그리고 완전한 끝을 맞이할 수 있을 때 비로소 새로운 시작도 맞이할 수 있다. 이것은 우주의 진리이다.

두 번째, 남자와 여자의 언어 차이를 공부하게 된다. 남자와 여자의 언어 차이를 공부하고자 하는 것은 상대방의 마음에 더욱 공감하고자 하는 진심으로부터 시작되게 된다. 결국 남녀 관계는 '다름'을 인정하고 이 차이를 좁히기 위한 노력이 바탕이 될 때 비로소 행복한 관계를 완성할 수 있다. 그리고 이는 상대방이 정말 소중한 존재라는 것을 스스로 자각하고 있을 때 비로소 내적 동기가 저절로 일어나게 된다.

다시 한번 강조하면 남자와 여자의 차이를 깨닫고 다름을 인정하는 것이야말로 행복한 관계를 위한 구체적인 방법이다.

세 번째, 이상형 리스트를 적어보는 것이다. 흔히 우리는 이상형이라고 하면 외적인 모습만을 생각한다. 하지만 연애 시스템에서 이상형 리스트는 단순히 이성의 외적인 모습만을 말하는 게 아니다. 오히려 내가 그리는 관계의 이상적인 모습 그 자체를 가리키는 것이다.

관계 안에서 가장 중요한 가치는 무엇인지?

그리고 그 가치를 함께 실현해나갈 상대방은 누구인지? 더욱 구체적으로 그리는 것이다.

대부분 내가 어떤 사람을 만나서 어떻게 연애를 이어가고 싶은지조차 알지 못한다. 그렇게 무책임한 태도로 관계를 이어가면서 역설적이게도 우리는 남녀 관계를 통해 행복을 찾고자 한다. 내가 행복할 수 있는 모습이 무엇인지 정확히 파악하지도 못한 채 막연히 행복을 바라는 것이다. 그러면서 상대방이 나와 같지 않음에 좌절하고 나와 달라서 발생하는 그 문제의 대부분을 상대를 잘못 만나서라는 이유로 합리화를 하게 된다.

만약 이러한 생각을 유지하면서 다음 만남을 또다시 이어가게 된다면 결국 또 같은 문제로 좌절할 것이다. 그리고 또다시 나와 맞지 않는 상대였다면서 상대를 탓하게 될 것이다.

내가 문제를 자각하지 못하고 만남을 이어갔던 20대 초반의 시기, 육체적인 관계만을 탐하며 쾌락만 좇던 상대와 만나게 된 이유와 같은 이치이다.

이상형 리스트를 적어보는 것이야말로 연애 시스템을 가동하는 가장 중점적인 요소이다. 하나의 궁극적인 목표를 달성하기 위해 여러 가지 단계들이 복합적으로 조합되어 하나의 시스템을 이루는데 만약 궁극적인 목표도 없이 여러 가지 단계만 모아 봤자 분명 결과는 나오지 않을 것이기 때문이다.

네 번째, 이상형 리스트를 기준으로 결혼 전까지 최소 5명은 만나봐야 한다. 그리고 모든 만남에서 최선을 다해야 한다. 왜냐면 최선을 다하는 태도에서 나의 진짜 모습을 발견할 수 있기 때문이다. 최선을 다하지 않는 관계는 연애 시스템을 구성하는 데 아무런 역할도 할 수 없다. 고만고만하게 연애하면서 최선을 다하지 않으니 어떠한 개선점도 없을 것이기 때문이다.

모든 만남에서 최선을 다하고 그렇게 최소 결혼 전까지 5명의 상대와 만남을 이어가야 한다. 5번은 만나야 비로소 남녀 관계 안에서 나의 역할을 찾을 수 있기 때문이다. 역할을 찾을 수 있다는 말은 곧 내 사랑의 이유를 찾을 수 있다는 말과 같다.

그리고 그렇게 5번의 만남을 이어가면서 마지막 순간에 항상 다시 이상형 리스트를 다시 점검해봐야 한다. 시행착오를 기준으로 다시 이상형 리스트를 업데이트해보는 것이다. 그렇게 나의 이상적인 관계를 실현할 확률을 높여가는 것이 '연애 시스템'의 궁극적인 목표이다.

어쩌면 이와 같은 과정을 살펴보면서 여러분은 좌절했을 수도 있다. '뭐가 이리 복잡해?'라고 생각했을 수도 있을 것이다.

하지만 걱정하지 않아도 된다. 왜냐면 20대의 나 역시 연애 시스템의 모든 요소를 완전하게 이해하여 이렇게 행동했던 것은 아니었기 때문이다. 오히려 이 모든 과정을 겪고 난 이후에 돌이켜보니 결국 연애 시스템이었음을 깨닫게 된 것이지 처음부터 시스템을 만들어 움직였던 것은 아니라는 말이다.

오히려 나의 생각 회로가 이렇게 움직일 수 있었던 이유는 10대 학창 시절부터 그려온 나의 행복한 가정의 모습이 핵심이다. 내가 바라는 궁극적인 관계의 모습이 있으니 그것을 실현하기 위해 생각 회로가 적극 가동된 것이다. '행복한 가정을 만들고 싶다.' 바로 이 생각이 중심이 되어 모든 '연애 시스템의 단계'를 완성할 수 있었던 것이다. 그렇기에 나의 모든 연애는 내가 꿈꾸던 행복한 가정을 완성시키는 과정들이 될 수 있었고 그로 인해 나는 내가 꿈꾸던 가장 행복한 가정의 모습을 이끌어낼 수 있었던 것이다.

　어떤 것이 정답이라고 말하고 싶지는 않다. 모든 사람이 나와 같은 가치를 가지고 남녀 관계를 이어가는 것은 아니기 때문이다.

　하지만 분명한 건 연애 시스템은 여러분 스스로가 그리는 그 이상적인 모습을 이끌어주는 도구가 되어줄 것이다. 무슨 말이냐면 지금 이 책에 메시지를 기록하고 있는 내가 연애의 정답을 가르쳐주고자 하는 것이 아니라 오히려 여러분 스스로가 생각하는 가장 행복한 관계의 모습을 이끌어주는 도구라는 것이다.

　아래 연애 시스템을 만드는 8가지 체크리스트의 항목에서 현재 여러분의 모습을 직접 대입해 보길 바란다. 거기서부터 여러분의 연애 시스템은 서서히 작동될 것이다.

연애 시스템을 만드는 8가지 체크리스트

**　첫 번째, 내가 생각하는 가장 이상적인 연애의 모습을 구체적으로 그려본다.**

**　두 번째, 그 이상적인 모습을 10가지에서 13가지 정도로 압축 정리하여**

노트에 적어본다.

세 번째, 노트에 적은 이상형 리스트를 하루에 1번 소리 내어 읽어본다.

네 번째, 연애를 이어감에 있어 상대의 생각에 공감해보고자 노력한다. 매 순간 최선을 다하는 것이다. (남자와 여자의 언어 차이를 공부하라.)

다섯 번째, 연애의 마지막 순간엔 항상 이전 연애를 돌아보아라. 내가 잘했던 것 그리고 내가 개선해나가야 할 것을 객관적으로 판단해보아라. 모든 만남의 끝은 나의 이전 연애를 되돌아보는 것까지를 마지막으로 한다.

(상대가 좋아했던 나의 모습, 상대가 싫어했던 나의 모습을 객관적으로 바라보아라.)

여섯 번째, 개선해야 할 나의 단점은 무엇인가?

일곱 번째, 그렇게 업그레이드된 나의 모습을 토대로 다시 첫 번째 단계로 돌아가 이상형 리스트를 다시 작성해본다. (모든 만남의 끝은 이 이상형 리스트를 다시 작성해보는 것으로 한다.)

여덟 번째, 시행착오를 반복한다. (결혼 전까지 최소 5번의 시행착오는 반복해보자.)

이것이 연애 시스템을 가동시키는 8가지 구체적인 방법이자 여러분이 그토록 바라고 원하는 행복한 관계의 모습을 실현시켜 줄 구체적인 방법이다.

　연애 시스템의 핵심은 연애를 바라보는 내 시선을 거시적인 관점으로 확장시키는 것이다. 나의 연애를 더욱 거시적으로 바라볼 수 있을 때 나의 자존감을 지켜낼 수 있다. 게다가 모든 만남의 순간이 소중해질 것이다. 왜냐면 이 연애 시스템의 궁극적인 가치는 결국 나의 영혼이 가장 바라고 원하는 이상적인 상대와 가장 이상적인 현실을 이끌어내는 것이 때문이다.

　그리고 그 이상적인 상대를 만나기 위해서는 나 역시 상대가 바라보기에 가장 이상적인 사람이어야 한다. 흔히 '나는 정말 좋은 사람이 나타나면 그때 연애할 거야.'라고 말하는 사람이 있는데 이것은 분명 큰 착각이다. 정말 좋은 사람이라고 생각되는 상대방이 바라보더라도 여러분이 정말 좋은 사람의 모습이어야 한다. 그러려면 필연적으로 모든 만남에 있어 최선을 다해야 한다. 최선을 다했을 때 비로소 나의 모습을 제대로 볼 수 있기 때문이다.

　최소한 모든 만남에서 후회는 남기지 말자는 태도로 관계를 대하면 모든 만남에서 나의 최선의 모습으로 상대를 대할 것이고, 그런 노력이 모여 점점 더 내가 그리는 가장 이상적인 상대와의 만남을 가능하게 할 것이다.

　여러분의 연애 시스템을 점점 더 고레벨로 업그레이드해갈 때 여러분은 점점 더 나의 연애 시스템에 맞는 이상적인 상대와 만나게 될 것이다. 그리고 이러한 과정이 임계점에 도달하여 궁극적으로 여러분이 그리는 가장 이상적인 상대와 진짜 만나게 되었을 때 스스로 느낄 것이다.

'아! 내가 이 사람과의 만남을 준비하기 위해 그동안의 연애를 거친 것이구나. 비로소 내가 이 사람에게 도달하기 위해 그동안 나를 준비한 것이구나!'라고 말이다.

그리고 이러한 느낌을 가리켜 나는 '결혼의 확신'이라고 표현한다. 분명 여러분의 삶 가운데서도 이렇게 결혼의 확신을 느끼는 순간이 올 것이다. 그리고 그때 느끼게 될 전율은 분명 그동안의 모든 좌절과 고통을 보상해 줄 것이다. 그 순간에 느끼게 될 전율을 지금부터 기대해봐도 좋다. 그리고 여러분이 그 전율적인 순간과 직접 마주하게 되는 순간 스스로 깨닫게 될 것이다. 지금 이 책을 만나게 된 것이 분명 내 인생의 터닝 포인트였다고 말이다.

09.

사랑의 유통기한
2년 vs 21년.
당신의 선택은?

고양이 설희와 산책을 하던 강아지 루카는 어느 날부턴가 마음이 좋지 않다. 매일 10분씩 설희와 함께 산책하던 루틴이 어느덧 1시간씩 산책하는 루틴으로까지 이어지게 되었다. 그렇게 시간은 흘렀고 점점 강아지 루카와 고양이 설희는 서로가 당연해지기 시작했다.

루카는 처음엔 자신을 배려하여 함께 1시간씩 산책하던 설희의 마음이 너무 예뻤다. 하지만 매일 자신의 영역을 표시하면서 자유롭게 쏘다녀야 할 그 시간 동안 설희를 위해 모든 노력을 다 쏟아내는 이러한 시간이 점점 쌓이다 보니 점점 산책이 산책 같지 않아지게 된 것이다. 한 번쯤 혼자 산책을 다녀와 보면 좋을 것 같은데 매일 같이 함께하는 설희가 점점 짐처럼 느껴지기 시작했다. 그런 마음이 들 때마다 루카는 설희에게 죄책감이 들기 시작했고 그러한 감정은 점점 쌓이기 시작했다.

설희가 바라보기에도 루카의 태도는 이전과 비교될 만했다. 처음엔 작은 소리 하나에도 설희를 지켜주고자 예의 주시하던 루카가 언젠가부터는 멍하니 걷기 시작한 것이다. 심지어 거대한 트럭이 빠앙~ 하면서 지나가던 순간에도 루카의 초점은 흐릿했다.

설희는 생각했다. 루카에게 무슨 일이 있는 건가? 하고 말이다. 하지만 아무런 말도 해주지 않는 루카의 모습을 보면서 설희는 점점 불안해져 갔다.

설희는 루카가 자신에게 무엇이라도 더 이야기해주고 나누어 주었으면 좋겠다고 생각했다. 그래서 루카의 마음을 위로해주고자 그에게 다가가 볼을 비비고 평소 하지 않던 애교를 더 부리기도 했다. 조금은 자존심 상하기도 하지만 이것이 관계를 위한 최선의 노력이라고 생각한 설희는 평소보다 더 과한 애정 표현으로 루카를 위로하고자 했다.

그러나 문제는 거기서 시작되었다. 루카는 갑자기 짜증이 밀려옴을 느끼면서 반사적으로 설희를 밀쳐버렸다. 설희는 루카의 그러한 태도에 적잖이 충격을 받았고 순간 쏟아지는 감정에 북받쳐 눈물이 흐르기 시작했다. 그리고 설희는 루카에게 말했다. **"대체 왜 그러는 거야? 말을 해줘야 알지. 이제 나하고 말하고 싶지도 않니?"**

설희의 말에 루카는 답했다. **"미안해. 그런 거 아니야."**

설희는 답답함을 토해내듯 말했다. **"뭐가 미안한데? 항상 문제를 회피하기만 하지? 너는 우리 관계를 뭐라고 생각하는 거야?"**

루카는 설희의 그 말에 순간 화가 올라 이렇게 말했다. **"나도 노력하고**

있다고! 그런데 내 뜻대로만 되지 않는 걸 어떡해? 우리 잠시 떨어져 있
자. 생각할 시간이 필요한 것 같아."

설희는 루카의 그 말에 마음이 부서지기 시작했다.

강아지 루카가 고양이 설희에게 느끼는 이러한 감정은 무엇으로 정의
해야 할까? 흔히 사랑의 유통기한은 2년이라고 한다. 이처럼 강아지 루
카가 고양이 설희에게 느끼는 이 감정이야말로 '사랑의 유통기한은 2년'
이라고 하는 이러한 주장에 근거를 뒷받침하는 사례일까?

어쩌면 그럴 수도 있고, 각자의 정의에 따라 이에 대한 정답은 달라질
수 있다.

나는 사랑의 유통기한은 2년이라고 하는 이러한 주장을 적극적으로 부
정하고 싶다. 그리고 내가 정의 내린 사랑이라는 감정의 실체에 따라 강
아지 루카가 느끼는 이러한 감정도 '사랑'이라고 말하고자 한다. 하지만
그와 별개로 루카가 잘했다고 말하고 싶진 않다. 분명 잘못되었고 심지
어 미숙했다. 왜냐면 설희를 밀친 것만 보더라도 분명 루카의 행동은 잘
못된 것이기 때문이다. 게다가 계속해서 자신의 본능을 억누른 채 관계
를 이어가고자 했다. 애초에 자신의 본능을 억누르고자 했다는 사실만으
로도 루카의 행동은 굉장히 미숙했다고 할 만하다.

하지만 이는 실제로 우리가 관계를 이어가면서 자주 범하는 오류 중
하나이다. 상대를 위한다는 마음으로 자신의 본능을 억누른 채 관계를

이어 나가는 것이다. 이는 관계 안에 지속적으로 시한폭탄을 심어두는 행위와 같다. 언젠가는 터져버리고 말 시한폭탄을 계속해서 심어두며 관계를 이어 나가는 것이다.

남자는 칭찬받고 싶은 동물, 여자는 사랑받고 싶은 동물이라고 했다. 남자와 여자는 관계 안에서 이와 같은 본능이 지속적으로 충족되어야 한다. 남자는 지속적으로 관계 안에서 능력을 인정받아 칭찬받아야 하고, 여자는 지속적으로 사랑 표현을 받아야만 둘 사이의 관계가 건강히 지속될 수 있다. 그리고 그렇게 관계가 이어갈 수 있을 때 비로소 두 사람의 사랑이 더욱더 오래 지속될 수 있다.

강아지 루카는 고양이 설희를 위한다는 명분으로 산책하고자 하는 자신의 진짜 본능을 억눌러야 했다. 자유롭게 뛰어놀아야 했던 강아지는 고양이를 위한다는 명분으로 그 본능을 100% 충족할 수 없었던 것이고, 그러한 시간이 점점 쌓여감에 따라 결국 시한폭탄은 터져버리게 된 것이다. 이것이 강아지 루카가 저지른 가장 큰 오류이다.

그리고 앞서 나는 강아지 루카가 느낀 그러한 감정도 '사랑'이라고 주장했다. 아마 여기서 대부분 의아했을 것이라 생각한다. 강아지 루카가 느낀 감정은 흔히 말하는 권태로운 감정이 분명해 보이고 그로 인해 관계 안에서 문제가 발생되었기 때문이다.

예를 들어 우리의 실제 상황에 접목해보면 평소 항상 '예쁘다', '사랑한다.' 표현해주던 남자친구가 어느 순간부터 점점 표현이 줄어들더니 급기야 둘 사이의 대화 역시 점점 줄어들게 된다. 그리고 그렇게 점점 변해 가던 남자친구는 어느 순간 짜증 섞인 표현으로 내게 소리치며 정색하고 만다. (아마도 이러한 상황과 직접 마주했던 분들이 많을 것이라 생각한 다.)

아마도 강아지 루카와 고양이 설희의 상황이 이와 비슷한 상황일 것 같다. 그런데 남자친구의 이러한 감정 역시 사랑이라니…. 도대체 무슨 말을 하고 싶은 건지 이해하지 못하겠다고 생각될 수 있다.

이에 대해 조금 더 자세히 풀어보고자 하는데 앞서 나는 사랑의 구간 을 크게 2가지로 정의했다. 바로 '사랑의 개화기'와 '사랑의 지속기'로 말이다.

'사랑의 개화기'는 사랑이 싹트는 시기로 강렬하고 짜릿한 감정을 느끼 는 구간을 가리킨다. 그리고 그와 반대로 '사랑의 지속기'는 은은하면서도 잔잔하게 이어지는 사랑을 가리킨다.

이렇게 상반되는 2개의 사랑 구간을 거치면서 우리의 사랑은 2년보다 더 오랫동안 지속될 수 있다고 나는 말하고 있다. 왜냐면 '사랑의 본질'을 놓고 보았을 때 이 2개의 사랑 구간과 상관없이 우리 사랑은 계속해서 지속되는 것이 분명하기 때문이다. 그리고 지금부터 내가 전하고자 하는 사랑의 본질에 대해 더 자세히 말하도록 하겠다.

나는 사랑이라는 감정의 실체는 '편안함'이라고 생각한다.

'사랑의 지속기'도 마찬가지고, 그리고 '사랑의 개화기' 역시 마찬가지다.

예를 들어서 '정말 예쁜 여자를 볼 때 남자는 사랑에 빠진다'는 문장을 놓고 생각해보자.

만약 이것이 사실이라면 길거리를 지나다니며 만나는 수많은 예쁜 여자를 보고 남자는 전부 사랑에 빠져야 한다. 그런데 우리 현실은 전혀 그렇지 않다는 것을 여러분도 잘 알고 있을 것이다. 그렇기에 '정말 예쁜 여자를 볼 때 남자는 사랑에 빠진다'는 문장은 틀린 것이 된다.

그렇다면 사랑에 빠지기 위해서는 외모가 예쁜 것 말고 다른 무언가가 있어야 한다는 것인데, 대체 그것은 무엇일까? 바로 내면에서부터 이끌리는 감정이 있어야 한다.

때때로 우리는 무언가 강렬한 이끌림에 이끌리는 순간이 있다. 대체 우리는 무엇에 그토록 강력하게 이끌리게 되는 것일까? 바로 내 마음이 상대방과 함께할 때 편안함을 느낀다는 것 자체이다. 여기서 오해하지 말아야 할 것은 이 편안함이라는 감정이 '그저 친숙해서 편안하다'는 의미가 아니다. 오히려 본질은 더 깊은 곳에 있다.

바로 내 안의 결핍이 채워짐을 느끼는 **'영혼의 편안함'**이다.

흔히 우리는 내 안에 결핍과 마주할 때 그것을 감추고자 생각 회로가 작동된다고 생각한다. 그리고 실제로 그렇게 행하기도 한다. 예를 들어 가난한 가정환경에서 자란 어떤 남성이 있다고 가정해보자. 아마도 이 남성은 가난이라는 결핍이 영혼 깊숙한 곳에 각인되게 될 것이다. 그리고 남자는 자신의 이러한 결핍이 드러나는 순간과 마주할 때마다 이것을 숨기고자 생각 회로가 작동될 것이다.

하지만 우리는 오히려 이 '결핍' 때문에 인생의 '몰입'을 경험할 수도 있다.

예를 들어 앞서 가난한 가정환경에서 자란 남성이 이 악물고 노력하여 자신의 환경을 극복해내 자수성가하게 되었다고 가정해보자. 남자는 필사적으로 가난을 극복하고자 자신의 시간을 몰입했을 것이다. 왜냐면 자신의 결핍을 극복하고자 계속해서 생각을 몰입했기 때문이다. 그리고 실제로 '부'를 이루게 되었고 자수성가의 반열에 오르면서 자신의 결핍을 극복하게 된다. 이는 현실에서도 종종 접할 수 있는 실제 사연이기도 하다.

다시 생각해보면 우리는 내 안에 자리 잡은 그 결핍된 성질과 반대되는 무언가에 강력하게 몰입하게 된다. 왜냐면 그 결핍을 극복하고 싶다는 생각으로 자연스레 생각 회로가 작동되기 때문이다. 가난이 결핍이었던 사람이 그것을 극복해내어 부자가 되고 싶다는 생각으로 자연스레 이끌리는 것처럼 말이다.

그리고 우리는 몰입을 경험할 때 강렬한 이끌림을 받게 된다. 왜냐면 몰입하는 것만으로 뇌에서는 도파민을 분비하고, 그 도파민이라는 호르몬의 보상을 받는 '뇌'는 지속적으로 그것을 더 원하는 상태가 되기 때문이다.

자, 그런데 만약 내 안에 결핍된 무언가를 채워줄 수 있는 이성을 발견했고 그에게 성적인 매력을 느끼게 되는 상황이라면 우리의 뇌는 적극적으로 '능동적 몰입' 상태까지 이르게 될 것이다. 그리고 우리는 그러한 상대를 마주하는 것만으로도 짜릿한 감정을 느끼게 될 것이다.

그리고 우리는 이 짜릿한 감정을 가리켜 '사랑'이라고 표현하는 것 같다. 하지만 이는 그 짜릿한 감정 내면에 있는 본질을 보지 못한 채 1차 사랑의 표면적인 모습만 보고 판단해버리는 것이다.

짜릿한 보상은 말 그대로 나의 결핍을 채워 영혼의 편안함을 줄 수 있는 무언가를 찾아냈다는 신호이다. 그리고 우리는 그 신호에 반응해 강렬한 이끌림을 경험하게 되는 것이다.

그런데 우리는 오히려 이 보상에만 집중하여 본질을 놓치고 마는 것 같다. 나의 무의식이 영혼의 편안함을 느낄만한 상대를 찾아냈다고 신호를 보내게 되고 그렇게 나의 마음이 이끌려 상대를 갈구했다. 그리고 실제로 그 사람과 만남이 시작되면서 우리는 '영혼의 편안함'을 느끼기 시작하지만, 시간이 흐름에 따라 그 짜릿한 감정은 무뎌지게 된다. 왜냐면 짜릿한 감정은 이러한 '영혼의 평안함을 느낄 만한 대상을 찾아냈다'는 신호였는데 이제는 굳이 이런 신호를 보낼 필요가 없어졌기 때문이다. 게다가 감정도 소모되기에 관계 안에서 짜릿한 감정은 점점 희석되고 비로소 편안한 감정의 본질만 남은 상황과 마주하게 되는 것이다.

그리고 이렇게 편안한 감정의 본질만 남게 되는 상황을 가리켜 우리는 '권태기'라고 표현한다.

이렇게 말로 표현하여 이해를 돕고 있기에 여러분은 지금 이 글을 보면서 '에이 그런 바보 같은 선택을 하는 경우도 있느냐'고 반론할 수 있겠지만 주변만 둘러보아도 대부분 이러한 이유로 헤어짐을 맞이하게 된다. (물론 바람을 피우거나 기타 다른 이유로 헤어지는 경우도 있지만 이 경우는 진심을 다해 사랑했던 사이가 시간이 지나면서 서로 무뎌지며 결국 헤어지는 경우를 가리키는 말이다.)

실제 이별한 사연을 들여다보면 꽤 많은 연인이 의무감 때문에 사귀는 것 같다며 이별을 고했다고 한다. 물론 관계 자체를 의무감으로 느끼면서 억지로 만남을 유지하는 것 그 자체로 절대 피해야 할 관계라고 생각한다. 하지만 이 의무감 때문에 사귄다는 이 말의 이면엔, 어쩌면 사랑의 본질을 제대로 알지 못하는 무지함도 같이 담겨 있는 것은 아닐까?

상대를 대하는 것이 '의무감'이라고 느끼는 이유는 관계에서 더 이상 이전과 같은 열정이 사라졌음을 의미할 것이다. 하지만 그럼에도 계속해서 이전과 같은 정도의 노력을 해야 하기에 거기서부터 생겨나는 감정이 '의무감'으로 표현된 것은 아닐까?

즉 이전에는 노력에 대한 동기가 있었지만, 지금은 그 동기가 사라졌기에 그러한 노력을 이어갈 수 없는 상태에 이른 것이다.

그런데 아이러니하게도 사랑의 진짜 감정은 '편안함'이라고 했다. '사랑의 개화기'든 '사랑의 지속기'든 결국 사랑의 본질은 같은데 처음 내게로 다가오는 순간 맞이한 '짜릿함' 때문에 '사랑의 개화기'때의 감정이 더욱 신선하게 다가왔던 것뿐이다.

그러니까 사랑의 감정은 이전과 같은 형태로 본질 자체는 변함이 없는데 오히려 변한 것은 관계 안에서 사라져버린 열정이 문제인 것이다. 그리고 이처럼 동기부여가 사라진 상황을 가리켜 우리는 '권태기'라고 표현하고 있고, 나는 이 권태기를 조금 더 구체적으로 표현해보고자 한다. '비로소 상대방을 제대로 바라보게 된 시기.'

그리고 조금 더 본질적으로 표현해보자면 다음과 같다.

'비로소 사랑이라는 감정을 제대로 바라보게 된 시기.'

1) 사랑의 개화기를 지나 권태기로 그리고

2) 사랑의 개화기를 지나 사랑의 지속기로….

위의 1)과 2)의 표현은 표면적으로 드러나는 어감의 차이는 분명 극과 극으로 나뉜 것처럼 보인다. 하지만 본질적으로 들여다본다면 '권태기'도 '사랑의 지속기'도 결국 '영혼의 편안함'이라는 본질만 남게 된 시기라는 점에서 실질적인 차이는 없을지 모르겠다.

다만 권태기는 상대가 너무나 당연한 존재로 인식되어 관계 자체에 소중함이 사라져버린 상태를 의미할 것이고, '사랑의 지속기'는 영혼의 편안함을 자각하여 상대방이 무엇보다도 소중하다는 사실을 자각한 상태를 의미할 것이다. 그렇기에 나는 1)과 2)의 문장을 서로 따로따로 보지 않고 이 두 개의 문장을 하나로 합쳐보기로 했다.

그러니까 '사랑의 개화기'를 지나 '권태기'로, 그리고 '권태기'를 지나 '사랑의 지속기'로 말이다.

그리고 이렇게 향하는 사랑이야말로 더 오랫동안 사랑을 지속할 수 있는 유일한 방법이 될 것이다.

10.

강아지 루카는 설희와 떨어져 있는 시간 동안 생각했다. **"여유가 없었구나."**

그리고 고양이 설희 역시 루카와 떨어져 있는 시간 동안 생각했다. **"억지로 맞추지 말자."**

그리고 이어서 설희는 생각했다. **"루카와 떨어진 상황에서 불안함을 느낀 것은 결국 '나' 자신이다. 루카가 불안을 내게 준 것이 아니야. 나 스스로 낯선 고양이가 신경 쓰인 것이고 루카를 믿지 못했기 때문에 계속해서 루카의 시간을 구속하려고 했던 거야."**

이틀이 지난 어느 날 루카는 설희에게 다가가 이렇게 말했다. **"미안해."**

그리고 설희도 루카에게 말했다. **"아냐. 내가 미안해. 앞으로는 산책, 굳이 같이 가지 말자."**

이때 루카는 또다시 끓어오르려는 화를 참아내며 설희에게 물었다.

"왜 그렇게 생각한 거야?"

설희는 루카에게 말했다. "나는 산책하던 순간이 단 한 번도 좋지 않았어. 오해하지 말았으면 좋겠어. 그저 내가 산책하는 것을 두려워하기 때문이야. 나가면 주변이 시끄럽고 혼란스러워서 신경이 예민해져."

그리고 계속해서 설희는 루카에게 말했다.

"그래서 생각해봤어. 왜 계속해서 산책하러 나가려 했던 걸까? 나는 지난번에 본 그 낯선 고양이를 보고 그냥 나 스스로 불안했던 것 같아. 어쩌면 그게 너를 믿지 못하는 행동일 수 있다고 생각했어. 그래서 이제는 오히려 루카 너를 더 믿으려고. 그동안 너와 함께 산책 다니면서 지켜봤거든. 너 꽤 믿음직스러운 것 같아."

루카는 순간 설희의 말을 오해할 뻔했구나 하고 안도의 한숨을 내쉬었다. 그리고 설희를 안으며 말했다. "나도 생각해봤어. 산책을 하는 건 어쩌면 내 본능과도 같은 것이고 좀 더 자유롭게 내 영역을 돌아다니고 싶었는데 어느 순간부터 산책하는 순간마저도 의무감으로 시간을 보냈던 것 같아. 나 역시 무언가 계속 억눌리는 감정들이 지속되었던 것 같은데 그동안 자각하지 못하고 있다가 이번에 터져버린 것 같아. 아마도 나 스스로 한계였던 것 같아. 그때 화내서 미안하고 나 믿는다고 말해줘서 고마워."

강아지 루카와 고양이 설희의 모습처럼 우리도 자신의 생각을 솔직하게 말하고, 또 그것을 있는 그대로 믿어줄 수 있다면 관계는 더 이상적으로 나아갈 수 있지 않을까?

하지만 우리는 때때로 내 안에 있는 감정을 솔직하게 표현하는 것조차 하지 못한다. 게다가 솔직하게 표현하고자 했던 상대의 말을 또다시 자기만의 방식으로 재해석하여 오해를 낳고 그로 인해 화가 치밀어오르는 감정을 이기지 못해 또다시 상대에게 상처를 주곤 한다. 마치 설희가 더 이상 산책하지 않겠다고 말하던 순간 루카의 화가 치밀어 올랐던 것처럼 말이다.

내 감정을 솔직하게 털어놓는 것도 강인한 용기가 필요한 행동인 것 같다. 특히 우리는 부정의 감정을 느낄 때 그 감정이 대체 어디서 불어오는지조차 제대로 파악하지 못하는 경우가 대부분이다. 그래서 제대로 대처도 하지 못한 채 나도 모르는 사이 부정의 감정은 내 안에 점점 쌓이게 되고 그렇게 나의 의식을 갉아먹기 시작한다.

더 솔직하게 표현하고자 노력하자. 내 감정을 제대로 들여다보는 것부터가 건강한 관계의 시작이자 내 상처의 치유를 위한 구체적인 방법이다.

이렇듯 긍정적인 관계를 위해 우리가 쌓아가야 할 노력은 사실 다양하다. 하지만 지레 겁먹을 필요 없다. 관계는 여러분 혼자 노력하여 만들어가는 것이 아니다. 상대와 함께 호흡을 맞춰 소통하고 그렇게 함께 만들어가는 것이기에 이상적인 관계로 나아가는 과정 자체가 그다지 외롭지는 않을 것이다. (만약 협조하지 않는 상대라면 당장 헤어져라. 당신의 삶의 레벨에 맞지 않는 사람이다.)

앞선 내용에서 사랑의 본질은 '영혼의 편안함'이라고 했다. 하지만 '사랑의 개화기'에서 마주한 짜릿하고도 강렬한 감정에 속아 우리는 사랑의 감정을 오직 짜릿하고 강렬한 무언가라고 그렇게 단정 지어버린다. 그래서 우리는 '사랑의 유통기한은 2년이다.'라는 말에 대부분 공감하는 것 같다. 하지만 이 사랑의 유통기한 2년보다 더 오랜 시간 사랑을 유지하는 경우도 분명 있다. 간혹 거리를 걷다 보면 백발 노인의 남녀 두 명이 서로의 손을 꼭 잡은 채 그렇게 길을 걷는 모습을 볼 때가 있다. 그 모습을 보고 있노라면 입에서 저절로 미소 지어진다. 흔히 100세 시대라고 하는 시대에 살아가는 현재, 한 사람과 평생을 사는 것은 너무 비효율적이라고 말하는 사람이 있을 수도 있다. 하지만 나는 백발 노인이 되어서도 두 손을 꼭 잡은 채 그렇게 사랑을 지속하는 노년기를 맞이하고 싶다. 그게 나의 이상이고 바람이자 삶의 궁극적인 목표이다.

다시 돌아와서 '사랑의 개화기' 시기가 지난 이후 우리가 마주하게 되는 현실은 결국 편안함에 물들어 있는 상대방과 내 모습일 것이다. 그리고 그로 인해 관계는 점점 권태로운 방향으로 나아가게 된다.

어쩌면 이러한 권태로운 감정은 사랑의 본질이 '편안함'이라는 사실을 알지 못하기 때문에 발생하는 것 같다. 아니 어쩌면 이것을 인정하려고 하지 않는 태도 자체가 문제일 수 있다. 그렇다면 바꿔 생각해서 이 권태로운 감정을 극복하기 위해 반드시 선행되어야 하는 것은 사랑의 본질을 먼저 제대로 바라보는 것부터 시작일 것이다.

사랑의 본질이 애초에 짜릿한 무언가가 아니라 나의 영혼이 편안함을 느끼는 감정이라는 사실을 이해하고 나면 비로소 지금 이 권태로운 감정이 주는 소중함을 깨달을 수 있을 것이다.

하지만 권태로운 감정을 극복하는 것에 있어 이와 같은 인식의 전환은 필요조건이지 충분조건은 아니다. 그렇기에 우리는 사랑의 본질을 이해하고 받아들인 이후에 상대방과 함께 이 시기를 극복해내고자 더 소통해야 한다.

남녀 관계가 더 장기간 지속되며, 더욱더 행복한 관계로 나아가기 위해서는 반드시 이 권태기 시기를 거쳐 '사랑의 지속기' 구간에 진입해야 한다. 하지만 앞서 이야기했듯이 사랑의 본질인 영혼의 편안함을 우리는 있는 그대로 받아들이지 못했다. 왜냐면 '사랑의 개화기' 시기에 느낀 감정이 너무나도 강렬했기 때문이다. 게다가 대부분 '사랑의 지속기'로 접어들기 전 '권태기'라는 시기에 헤어짐을 맞이하는 연애를 반복했기 때문에 이 '사랑의 지속기' 구간으로 제대로 진입해본 경험이 적다. 아니 어쩌면 단 1번도 제대로 경험해보지 못했을 수도 있다.

생각해보면 간단히 이해할 수 있는데, 사랑의 지속기로 접어드는 순간 우리가 느끼는 감정은 '결혼에 대한 확신'이라고 했다. 그렇다면 우리는 지금까지 연애를 이어가면서 상대에게 결혼에 대한 확신을 느낀 순간이 얼마나 되었을까? 아마도 많아야 1~2명 정도일 것이다. 어쩌면 아직 경험해보지 못했을 수도 있다. 그렇기에 대부분 사랑의 감정을 단순히 짜릿하고 강렬한 감정으로만 생각하게 되는 것 같다.

또 권태기는 약 2년이라는 시기를 만나는 동안 나의 내면에서 상대방을 판단하길 '저 사람은 당연한 사람이야.'라고 그렇게 판단했기에 맞이하게 되는 감정이다. 따라서 상대방이 무언가를 잘못했기에 느껴지는 감정이 아니라는 것이다.

하지만 대부분 이 시기에 상대방이 익숙하고 무료하다는 판단으로 상대의 부정적인 모습만을 바라보고자 한다. 따라서 이 시기에 우리는 상대방의 단점을 너무나도 많이 찾아낸다. 그리고 그렇게 관계는 점점 끝을 향해 나아가게 된다.

반드시 기억해야 할 것은 상대방은 잘못이 없다는 것이다. 그저 나의 무의식이 상대의 단점만을 바라보기 시작했다는 것이 팩트다.

그리고 무의식이 그렇게 작동되는 가장 큰 이유는 "저 사람은 당연한 존재야."라고 그렇게 판단했기 때문이다. 당연하기에 상대의 소중함을 자각하지 못하는 것이고 소중함을 자각하지 못하기에 관계는 권태로운 감정으로 물들기 시작하는 것이다.

하지만 또 한편으로 생각해보면 상대를 이렇게 '당연한 사람'으로 판단하는 건 어쩌면 '사랑의 지속기'로 진입하기 위해 반드시 선행되어야 하는 과정이기도 하다. 왜냐면 당연하다는 판단 역시 편안한 감정에서 파생된 무언가이기 때문이다.

따라서 권태기를 극복하여 사랑의 지속기로 나아가기 위한 방법은 어쩌면 너무나 간단히 해결될 수 있다. 당연하다는 표현에서 그저 단어 하나만 바꾸어주면 되는데 "저 사람은 편안한 사람이야."라고 인식 속에 박힌 단어 하나를 바꾸어주는 것이다.

'당연하다'라는 표현은 아무 생각이 없다는 표현과도 같다. 당연하기에 굳이 머리를 쓰지 않아도 몸이 기억하여 행한다는 의미를 지닌다. (이는 편안하기에 동반되는 부작용일지 모른다.)

예를 들어 단순노동을 처음 하게 되면 이 일을 빠르게 익히기 위해 나의 몸과 생각이 일에 적응하고자 움직인다. 하지만 시간이 지나 이미 익숙해진 단순노동은 아무 생각 없이도 그저 행할 수 있는 수준까지 오르게 된다. 그와 같은 원리이다.

그러나 편안하다는 표현은 나의 마음의 안식처를 뜻한다. 특히 '영혼의 편안함'은 내 마음이 쉴 수 있는 곳이라 생각하는 것이고 그만큼 소중한 사람임을 자각하고 있는 상태를 뜻하는 것이다. 단순히 단어 하나의 차이지만 이 차이로 인해 발생하는 결과는 너무나도 다르다.

그렇다면 이 '당연하다'라는 생각에서 어떻게 해야 '편안한 존재'로 생각을 전환할 수 있을까?

바로 남자와 여자가 삶을 살아가는 본능 자체를 이해하고 그것을 서로가 충족시켜줄 수 있을 때 비로소 나의 무의식은, 그리고 나의 원초적인 본능은 저 상대방이 필요하다고 강력하게 외치게 될 것이다.

삶을 살아가면서 추구하는 궁극적인 목표, 본능을 관계 안에서 달성할 수 있기 때문에 관계는 당연함에서 오는 권태감보다 오히려 함께할 때 더 살아 있음을 느낄 수 있는 '영혼의 편안함'을 느끼게 할 것이다.

여자는 사랑받고 싶은 동물, 남자는 칭찬받고 싶은 동물이다. 그렇다면 여자는 자신에게 사랑 표현을 아끼지 않는 남자를 절대 떠날 수 없다. 그리고 남자 역시 계속해서 나를 칭찬해주는 여자를 절대 떠날 수 없는 것이다. 그리고 서로의 본능을 충실하게 채워줄 수 있다는 믿음이 있기에 관계 안에서 '영혼의 편안함'은 점점 더 번져갈 것이다. 그리고 이 '영혼의 편안함'이라는 감정을 안고 남녀 두 사람의 관계는 더 안전하게 '사랑의 지속기'로 진입할 수 있을 것이다.

이것을 행하기 위한 가장 필수적인 조건은 남녀 모두가 서로의 언어를 이해하고 소통이 가능한 상태일 때 비로소 모든 조건이 갖춰지게 된다.

⁂

사실 남자와 여자가 언어를 맞추는 메커니즘은 굉장히 정교한 과정으로 이루어진다. 남자와 여자가 각각 다르지만 사실 같은 성별이라도 사람은 모두 저마다 다르기에 관계 안에서 언어를 맞추는 매 순간 같은 과정을 되풀이해야 한다. 즉 한 사람과 언어를 맞춰놓았다고 해서 그 패턴이 다음 상대에게도 100% 유효한 것은 아니라는 것이다.

그러나 다행인 건 한번 언어를 맞춰본 경험이 있다면 다음 만남에서는 비교적 쉽게 언어 차이를 맞춰갈 수 있을 것이다. 왜냐면 본질은 같기 때문이다. 게다가 이미 우리는 사회생활을 하면서 다양한 사람과 '나'라는 존재를 맞추는 과정을 이미 선행해왔다. 그렇기에 너무 어렵게 생각하지 않아도 된다.

하지만 분명한 건 이렇게 언어를 맞추는 과정이 수월하게 진행되려면 '사랑의 개화기'에서부터 언어 차이를 좁히려는 노력이 필요하다. 사랑의 개화기 시기엔 짜릿하면서도 강렬한 감정이 두 사람 사이를 더 강력하게 이어준다. 그리고 이것이 매개체가 되어 자체적으로 언어 번역기의 역할을 해주면서 두 남녀는 마치 서로 언어가 잘 통하는 것처럼 느끼게 된다.

하지만 이는 사랑의 개화기 구간에서만 유효한 혜택이다. 그렇기에 애초에 사랑의 개화기 시기부터 두 사람은 서로 언어가 통하지 않는다는 사실을 자각하고 이를 미리부터 대비해야 한다. 애초에 언어가 잘 통하는 것처럼 느껴지는 사랑의 개화기 시기부터 언어 차이를 좁히고자 움직이는 것이다.

그리고 그렇게 두 사람은 일찍부터 언어를 맞춰 놓았기에 2년이 지나는 시점에서 찾아오는 권태기를 비교적 수월하게 극복해낼 수 있을 것이다. 아니 어쩌면 권태기가 전혀 없었던 것처럼 느끼기도 하면서 안전하게 '사랑의 지속기' 구간으로 진입할 수도 있을 것이다. 실제로 어떤 커플은 권태기가 전혀 없었다고 간증하는 경우도 종종 있으니 이는 이미 증명된 사실임이 분명하다.

그렇다면 이 언어 차이를 맞추고자 하는 노력은 어떻게 실행되어야 하는 것일까?

앞서 한 차례 강조했지만 애초에 남자의 영웅심리의 초점이 여자에게 향해있을 '사랑의 개화기' 시기부터 여자는 남자에게 자신이 원하는 것을 구체적으로 요구해야 한다.

스스로 더 만족할 수 있는, 스스로 더 행복을 느낄만한 무언가를 계속해서 남자에게 요구해야 한다는 것이다.

사랑의 개화기 시기에 남자의 영웅심리는 이미 내 여자를 만족시켜야 한다는 생각에 초점이 맞춰져 있기에 여자의 이러한 요구를 남자는 흔쾌히 승낙할 것이다.

심지어 여자의 요구를 승낙하는 것 자체만으로 남자는 스스로 살아 있음을 느끼게 될 것이다. 왜냐면 남자에게 있어 내 여자가 나에게 무언가를 요구하는 상황은 내 능력이 인정받았다고 느끼는 순간이기 때문이다.

하지만 여기서 정말 중요한 것이 있다. 남자는 여자가 바라는 무언가를 제공하면서 궁극적으로 내 여자로부터 인정받고 싶다는 생각 하나에 몰입해 있을 것이다. 왜냐면 그것이 남자의 본능이니 말이다.

그렇기에 여자는 내가 원하는 것을 남자로부터 제공받았을 때 구체적으로 칭찬해주어야 한다. 왜냐면 이 칭찬이야말로 남자의 영웅심리를 완성시키는 마지막 퍼즐 조각이니 말이다. 여자의 칭찬이 남자에게 전해졌을 때 그 순간 남자는 굉장히 짜릿하면서도 강력한 만족감을 느끼게 될 것이다. 그리고 그렇게 살아 있음을 느낀 남자는 계속해서 자신의 영웅심리를 달성하기 위한 목표를 세우면서 그렇게 관계를 위해 또다시 최선을 다해 움직일 것이다.

반드시 명심했으면 한다. 남자에게 칭찬받고 싶다는 생각은 여자에게 사랑받고 싶다는 표현과 같은 이치라는 것을 말이다. 내가 사랑받고 싶은 만큼 내 남자에게 칭찬해주길 바란다. 그리고 남자 역시 내가 잘나 보이고 싶은 만큼 내 여자에게 사랑 표현을 해주길 바란다.

이렇게 짜릿하고도 강렬한 감정이 관계를 지배하는 '사랑의 개화기' 시기부터 남자와 여자의 본능을 서로가 충족시켜줄 수 있도록 그렇게 함께 소통하며 맞춰갈 때 비로소 '권태기'를 더욱 안전하게 극복할 준비를 마치게 될 것이다. 게다가 서로의 본능을 서로가 온전히 충족시켜줄 수 있는 사이가 될 수 있기에 비로소 평생 함께하고 싶은 감정이 끓어오르는 '사랑의 지속기' 구간으로 수월하게 진입할 수 있을 것이다.

어쩌면 권태기는 일종의 '시험'일지 모르겠다. 왜냐면 아무리 이러한 이론을 내가 알고 있다고 하더라도 사실 이 '권태기'를 100% 완전하게 극복해내어 무조건 '사랑의 지속기'로 진입할 수 있지는 않기 때문이다. **"왜냐면 관계는 혼자 하는 것이 아니기 때문이다."**

내가 이러한 이론을 알고 있고 이것을 적극적으로 관계 안에서 실행해보려고 하더라도 상대방의 동의 없이는 관계를 긍정적인 방향으로 이끌어갈 수 없다. 그렇기에 '권태기' 시기는 어쩌면 '5차원 연애'를 완성할 만한 일종의 시험일지 모르겠다.

만약 이 시험에 통과하는 남녀라면 두 사람의 관계는 뻔하디 뻔한 그런 권태로운 관계가 아닌 두 사람이 함께하기에 서로 완전할 수 있는 '5차원 연애'를 완성할 수 있을 것이다.

나는 결혼은 이처럼 '권태기' 시기를 함께 극복해내어 '5차원 연애'를 완성할 수 있는 상대와 해야 한다고 생각한다.

다음 장에서는 5차원 연애의 의미에 대해 더 자세히 다뤄볼 예정이다. 그리고 그로 인해 5차원 연애가 '결혼'에 어떻게 영향력을 주게 되는지 말하고자 한다. 다음 장의 메시지를 읽기 전에 지금까지의 여정을 한 차례 정리해보면 좋겠다.

지금까지 나는 각각 남자와 여자가 어떠한 존재인지, 그리고 이렇게 다른 두 존재가 서로 어떠한 과정을 거치게 되는지 전했다. 그리고 두 사람의 사랑이 더 오랫동안 지속될 수 있을 '사랑의 지속기'에 대해서도 전했다. 그리고 그렇게 사랑을 지속하면서 서로가 서로의 본능을 채워 더욱 완전한 존재로 거듭날 수 있는 '5차원 연애'의 모습을 간접적으로 전하고 있었다.

다음 장에서는 이 5차원 연애를 통해 궁극적으로 완성된 관계란 무엇인지? 그리고 그것이 어떻게 결혼 생활까지 이어져 행복한 가정을 이룰 수 있도록 두 사람을 이끌게 되는지 전하고자 한다.

이 책에서 가장 핵심적인 부분이 될 내용이기에 꼭 반드시 지금까지의 내용을 한 차례 정리하고 다음 장의 메시지를 읽어보길 바란다.

11.

5차원 연애를 전함에 있어 여러분에게 한 가지 질문을 드리고 싶다. 앞서 나는 내가 겪은 연애 히스토리를 구체적으로 여러분에게 전했다. 나의 연애 스토리를 여러분에게 전하면서 내가 여러분에게 말하고 싶었던 궁극적인 한 가지는 그 시기에 나는 '행복한 가정'을 꾸리고 싶다는 이 생각에 몰입해 있었다는 것이다.

매일 같이 '나는 행복한 가정을 꾸릴 거야!'라고 생각하며 눈에 불을 켜고 아침, 저녁으로 그것을 읽어가면서 이 목표를 100일간 100번 쓰는 등의 노력을 하진 않았다.

단순히 10대 학창 시절 가정환경에서 온 '결핍'이 무의식에 각인되었고, 이 결핍 의식이 내가 이 결핍을 채울 수 있는 방향으로 내 삶을 이끈 것뿐이다. 다시 말해 무의식에 각인된 결핍이 내 삶의 방향을 이끈 것이라는 것이다.

이것이 '끌어당김의 법칙'의 핵심이다. 100일간 100번 쓰기나 목표를 매일 읽어가는 등의 행동은 나의 목표를 무의식에 때려 박아 각인시키는 행동 중 하나일 뿐이지 그것을 행함으로써 자연스레 우주가 나의 바람을 들어주는 그런 판타지 요소가 아니라고 말하고 싶은 것이다.

즉 끌어당김의 법칙은 나의 무의식에 각인된 그 목표를 내 현실로 가져오는 과정을 말하는 것이다. 그리고 끌어당김의 법칙의 최종 종착지는 어린 시절 가정환경으로부터 찾아온 '결핍'을 채울 수 있는 현실 자체이다.

예를 들어 나의 무의식엔 '행복한 가정'이라는 결핍이 각인되어 있었다. 그리고 이는 10대 학창 시절, 가정환경으로부터 각인된 나의 '결핍 의식' 자체였다.

그리고 이 결핍은 '행복한 가정'을 꾸리겠다는 내 인생 최종 종착지의 모습을 그려주기 충분했다. 그리고 그것을 달성할 수 있는 과정을 거치게 되었고 그것이 나의 20대 연애의 모습으로 나타나게 되었다.

당시에는 궁금했다. '도대체 왜 나는 안 되는 것일까?'라고 생각했고 정말 나를 잘 이해해줄 수 있는 상대를 만나 꼭 행복한 가정을 꾸릴 것이라고 다짐했다. 그래서 나의 자녀는 이 세상에서 제일 행복한 가정에서 '사랑'받으며 자랄 수 있게 만들 것이라고 다짐하고 또 다짐했다.

그렇게 10년 이상의 시간이 흘렀고 어느덧 30대 중반으로 향하는 시점이 되었다. 그리고 지금 내 현실은 내가 10대 학창 시절부터 떠올렸던 '행복한 가정'의 모습이 눈앞에 펼쳐져 있다. 그리고 이 행복의 크기를 더욱 크고 견고하게 하고자 지금, 이 순간에 몰입하고 있다.

사실 이것을 처음부터 자각했던 것은 아니다. 그냥 언젠가 갑자기 나의 20대 시기를 돌아보게 되었고, 처음 20살이 되면서 내가 생각했던 것이 무엇인지 떠올려보았다. 그랬더니 적어도 그 당시 내가 생각했던, 그리고 바라던 대부분의 모습이 이루어져 있었다.

도대체 어떻게 이럴 수 있었을까 생각해보니, 나는 어렴풋이 나의 목표에 대해 계속해서 떠올렸던 것 같다. '행복한 가정'이라고 하는 그 모습의 이미지를 말이다.

그래서 나는 지금부터 이야기할 '5차원 연애'를 말하기 전에 여러분에게 물어보고 싶다. 여러분이 이 책을 여기까지 읽고 있는 것은 아마도 여러분 안에 '행복한 관계', '행복한 가정'이라고 하는 궁극적인 목표가 있었기 때문일 것이다. 그 생각에 이끌려 여러분은 이 '5차원 연애'라는 책의 메시지를 여기까지 읽고 있는 것이고 이 책을 읽는 내내 자각했을 것이다. 바로 묘한 이끌림의 감정, 벅차오름, 행복한 감정과 같은 감정의 형태로 이 책의 메시지가 여러분에게 전해졌을 것이다.

그리고 자연스레 이 책을 읽는 내내 여러분 머릿속에 몇 가지 이미지 또한 떠올랐을 것이다. 그리고 그것이 여러분이 바라는 '행복한 가정'의 궁극적인 모습 중 한 가지였을 것이다. 나는 그 이미지들을 가리켜 '행복한 가정의 퍼즐 조각'이라고 표현한다. 그리고 이 퍼즐 조각을 더 많이 찾아갈수록 여러분이 그것을 이루어낼 확률 또한 높아진다.

그리고 더 효과적으로 이 퍼즐 조각을 찾는 방법은 내가 지금 그리고 있는 궁극적인 모습을 더 구체적으로 바라보는 것이다. 이를 가리켜 론다 번의 '시크릿'에서는 '시각화'라 표현한다.

'여러분이 바라는 행복한 가정의 궁극적인 그림은 무엇인가?'

이 질문에 먼저 스스로 답해보길 바란다. 이것은 단순히 2차원의 세계인 '이미지의 형태'일 수도 있고 3차원의 세계인 '공간의 형태'일 수도 있다. 또 4차원의 세계인 '형태, 모습, 상황'과 같은 것일 수도 있다. 즉 어떤 모습이든 상관없다는 것이다. 이미지도, 공간의 형태도, 그리고 시간에 흐름에 맞춰진 그 사람과 나의 모습일 수도 있다. (4차원의 세계인 '형태, 모습, 상황'과 같은 것이라면 예를 들어 이런 것일 수 있다. 서로 다투는 상황에서 여러분이 토라졌을 때 남자 쪽에서 자신의 화를 한 차례 가라앉히고 먼저 평정심을 찾은 후 말없이 여러분을 안아주는 상황 자체. 이런 것을 가리켜 형태, 모습, 상황이라 표현했다.)

먼저 이 질문에 여러분 스스로 답해보길 바란다. 여러분이 어떠한 형태를 떠올렸든 그 모습은 5차원의 세계에 각인되게 된다.

만약 2차원의 세계인 이미지 형태로 떠올렸다면? 그 이미지를 달성할 수 있는 방향으로 '5차원 세계'에 '점' 하나를 찍어둔 것과 같다.

그리고 그 점을 시작으로 여러분의 삶의 방향이 더욱 구체화되어 갈 것이다. 앞서 프롤로그에서 한 차례 전한 바 있다. 1차원의 세계는 '선'의 형태로 이루어져 있는 세계이다. 그리고 2차원의 세계는 '면'의 형태, 3차원의 세계는 면들이 모인 '공간'의 형태. 그리고 4차원의 세계는 3차원의 공간이 '시간'이라는 직선의 세계와 만나 더해지며 만들어진 세계일 것이다.

각각의 세계에 존재하는 누군가가 있다면 그 존재는 자신이 속한 세계보다 1차원 낮은 차원으로 세상을 바라보게 된다고 한다. 이를테면 우리는 공간이라는 3차원의 세계에 존재한다. 그렇기에 우리의 눈에 담기는 세상은 2차원의 형태인 '면'의 형태, 즉 이미지로 이 세상을 바라보고 인식하게 된다.

잘 이해가 되지 않는다면 잠시 고개를 들어 눈앞의 모습을 바라보길 바란다. 눈에 담긴 모든 것이 아마도 사진과 같은 이미지의 형태로 모이는 것을 자각할 수 있다.

이처럼 우리는 3차원의 공간에서 살아가고 있기에 우리 눈 앞에 펼쳐진 세계는 2차원의 모습이다. 하지만 '삶'이라는 관점에서 놓고 본다면 우리는 3차원의 세계가 과거, 현재, 미래의 '시간'이라는 직선의 흐름으로 이어진 4차원의 세계에서 살아가고 있다. 즉 큰 틀에서 볼 때 우리의 인생은 곧 4차원의 세계라는 것이다.

그리고 이 과거, 현재, 미래 중 우리는 '현재'를 기준으로 현실을 자각하며 살아가게 되지만 실은 우리의 삶의 모든 부분, 그러니까 과거, 현재, 미래의 모든 부분은 나의 '영혼'에 기록되어 저장되어 있다.

떠올려보아라. 바다를 바라보며 자연의 웅장함을 느끼던 그 순간을 떠올려보아라. 그렇다면 여러분이 직접 경험했던 경험을 토대로 바다의 모습을 떠올렸을 것이고, 그 바다의 모습을 바라본 그 시점의 데이터가 기억이라는 형태로 여러분 머릿속에 그려졌을 것이다.

즉 '과거'라는 데이터 역시 우리 안에 저장되어 있고 우리는 과거의 데이터가 쌓여 현재의 가치관을 만들게 되었다. 그리고 우리는 자신만의 가치관대로 현재를 살아가게 된다.

여기까지는 비교적 여러분이 이해하기 쉬울 것이다. 그러나 문제는 '미래'의 데이터 또한 내 영혼 안에 있다니…. 대체 무슨 소리를 하고 있는지 모르겠다고 생각할 것이다.

단언코 말하는데 나는 운명론자는 절대 아니다. 내 미래는 내가 직접 개척해나갈 수 있다고 믿는 사람이다.

그런데 미래의 데이터 역시 내 영혼 안에 저장되어 있다는 것은 도대체 무엇을 뜻하는 것일까? 다시 차원의 세계로 돌아가서 우리의 삶은 4차원의 세계에 존재한다고 말했다. 그렇다면 5차원 세계에 존재하는 자가 4차원의 세계에 존재하는 우리의 삶을 놓고 볼 때 어떤 형태로 바라보게 될까?

아마도 과거, 현재, 미래의 시간이 한눈에 보이는 형태로 존재할 것이다. 게다가 무수한 가능성으로 인해 만들어진 다양한 미래 또한 한눈에 보일 것이다.

즉 5차원의 세계에서 바라본 4차원은 무한한 가능성이 한눈에 보이는 세계일 것이다. 그리고 우리의 영혼은 각 차원을 불문하고 존재한다. 다시 말해 1차원의 세계인 선의 세계에 존재하는 '나'와, 2차원의 세계인 면의 세계에 존재하는 '나', 그리고 3차원의 세계에 존재하는 '나', 4차원, 5차원 등등

모든 차원에 존재하는 '나'라는 존재는 모두 다 우리의 '영혼'에 저장되어 있다.

이를 다시 풀어보면 우리의 삶은 매 순간의 선택으로 이어져 있다. 과거의 어떤 선택이 현재의 '나'를 만들게 되었고, 현재의 나의 선택의 미래의 '나'의 모습을 만들게 된다.

즉 4차원의 세계에 존재하는 자는 아마도 스스로를 이렇게 인식할 것이다. 자신이 선택한 방향대로 나의 인생을 이끌어간 내 삶의 모습 그 자체로 말이다. 즉 한 사람의 인생의 여정이라고 생각하면 좋겠다.

그러나 5차원에서 바라본 4차원의 세계는 가능성의 영역까지 더해져 있을 것이다. 즉 한 사람이 만약 A라는 선택을 했을 때 이루어진 삶의 여정, 그리고 B라는 선택을 했을 때 이루어진 삶의 여정. 그리고 C, D, E, F···. 등 그때 그 선택 외에 다른 선택을 했을 때의 그 사람의 삶의 여정 말이다.

예를 들어서 여러분이 이 '5차원 연애'라는 책을 읽고 있는 것도 분명

여러분의 선택일 것이다. 이 책을 읽기로 선택했으니 당연하게도 여러분은 지금 이 책을 읽고 있다.

그러나 여러분은 또 선택했을 수 있다. 이 책을 읽지 않는 것을 말이다. 그렇다면 각각 여러분의 삶은 어떻게 될까?

어쩌면 비교적 사소한 선택일 수 있기에 내 삶의 큰 틀에서 볼 때 큰 차이가 없을 것이라 생각할 수 있다. 그러나 여러분은 이미 이 책을 통해 남자와 여자의 언어 차이를 깨달았다. 그렇기에 내가 굳이 이 책의 메시지대로 노력하지 않았다고 하더라도 어느 순간에 무의식적으로 이 언어 차이를 떠올리는 순간이 분명 수차례 있을 것이고 이 메시지를 떠올린 것 자체만으로도 여러분의 인생은 변화된 것이다.

만약 이 책의 메시지를 더 심화적으로 파고들었다면? 아마 더 가파르게 여러분의 삶은 변화될 것이다. 그리고 그에 따른 여러분의 삶은 또 다양한 갈래로 변화되었을 것이다. 즉 지금, 현재의 선택으로 나의 삶은 여러 갈래로 변화될 수 있다는 것이다.

예를 들어 과거의 내가 육체적인 관계와 플라토닉 러브 사이에서 갈등했을 때, 만약 플라토닉 러브 말고 육체적인 관계로 남녀 관계를 정의했다면 아마도 지금 이 '5차원 연애'는 탄생하지 못했을 것이다. 그리고 조금 더 거시적인 관점에서 볼 때, 과거 여러분이 점찍어 놓은 삶의 방향을 다시 다른 곳으로 틀어 다른 곳에 점을 찍어버린다면 어떻게 될까?

예를 들어 20대의 내가 '남녀 관계는 육체적인 관계다.'라고 결론 내린 과거에서 갑자기 무언가 변화를 추구하기 시작하면서 또다시 '플라토닉 러브'라는 가치로 남녀 관계를 재정립했다면?

어쩌면 이 '5차원 연애'는 시간이 조금 더 흐른 뒤에야 만들어졌을 수도 있지만 분명 이 책이 탄생하게 될 가능성 역시 다시 존재하게 되었을 것이다. 즉 지금 내가 선택하는 모든 것이 나의 미래의 '가능성'을 깨우게 된다는 것이다.

결론지어 말하겠다. **지금, 이 순간 여러분이 내리는 선택에 따라 여러분의 미래는 변화될 수 있다는 것이다. 그저 '가능성'으로만 생각했던, 아니 조금 더 와닿게 표현해서 그저 꿈으로만, 비현실적이라고, 헛된 생각이라고 치부해버렸던 나의 모습도 여러분이 그 가능성을 믿기로 선택하는 순간 여러분의 현실이 될 것이라는 말이다.**

여러분이 그것을 믿고 선택하여 실행한다면 반드시 나의 꿈은 가능성에서 더 나아가 나의 현실이 된다는 것이다.

이렇듯 '5차원 연애'의 정의는 이와 같이 가능성으로만 치부되고 내가 꿈꾸던 드라마틱한 관계의 모습이 나의 연애, 나의 관계, 나의 가정으로 완성되는 연애를 뜻한다. 쉽게 생각하여 '5차원 연애'란 완성형 연애를 뜻한다. 그리고 이렇게 '5차원 연애'를 완성하고 난 이후에 비로소 행복한 가정을 꾸릴 가능성 또한 얻게 된다.

그렇기에 나는 5차원 연애를 완성하고 난 이후에 결혼하는 것을 적극

권장한다. 왜냐면 5차원 연애는 '현실'이라고 하는 자본주의의 이념들을 제외한 그저 남자와 여자가 이상적으로 소통하며 완성형 연애를 할 수 있는 가치만을 뜻하기 때문이다.

하지만 결혼이란 남녀 두 사람이 힘을 모아 '자본주의' 안에서 생존해야만 하기에 필연적으로 관계 외적인 문제로 갈등이 빚어질 수 있다.

그런데 만약 남자와 여자의 언어 차이도 맞추지 못한 채, 그러니까 가장 완성적으로 남녀가 소통하는 방법도 모른 채 결혼하게 된다면? 두 남녀는 남자와 여자의 본능 차이 때문에 발생하는 문제 외에 현실적인 문제까지 더해져 그야말로 지옥 같은 결혼 생활이 펼쳐질 것이다.

과거 원시시대엔 '생존'을 지키기 위해 집단생활을 했다. 하지만 현시대는 과거 외부 위협을 대부분 개척해내어 최적화된 시대이다. 대량생산으로 인해 대부분의 나라가 굶주림이라는 문제를 해결할 수 있게 되었고, 콘크리트로 견고하게 올려진 터전은 이제 생존의 영역을 넘어 예술의 경지까지 바라보는 시대가 되었다.

이렇듯 원시시대에 생존을 위협했던 대부분의 요소가 현시대에 와서 대부분 해결되었다. 그러나 딱 한 가지. 자본주의 체제 안에서 우리의 생존을 위협하는 요소는 딱 한 가지다.

바로 '가난'이라고 하는 것. 그렇기에 우리는 이 '가난'을 극복해내어야만 생존을 지킬 수 있다. 그리고 부부는 반드시 이 생존의 문제를 함께 극복해 내어야 한다. 그렇기에 나는 가정이란 원시시대에 인간이 생존을 지키기 위해 집단생활을 했던 것의 축소판이라 생각한다. 현시대에 맞게 축소되어 가정이라는 형태로 최적화된 상태라고 생각하는 것이다.

그렇기에 부부는 반드시 이 생존을 지켜내기 위한 소통을 지속적으로 해나가야 한다. 그렇기에 이 생존의 문제를 책임지지 않아도 될 연애 기간에 두 사람은 반드시 남녀가 소통하는 방법을 터득해야 한다.

그리고 그렇게 남녀가 더 원활하게 소통할 수 있을 때 두 사람은 '5차원 연애'를 완성할 수 있게 되고 더 완성된 모습으로 이 자본주의를 함께 개척해나갈 수 있을 것이다.

여러분이 생각하는 '행복한 가정, 행복한 관계, 행복한 연애'의 모습을 떠올려보아라. 그리고 그 모습을 실현시킬 퍼즐 조각을 하나씩 모아보자.

여러분이 떠올린 그 행복한 관계의 모습은 5차원의 세계에 점 하나를 찍는 것과 같다. 그리고 그렇게 찍힌 점은 내 삶의 방향을 그곳으로 인도해줄 것이다.

고차원에 존재하는 '나'라는 존재는 계속해서 여러분이 바라는 그 모습을 적극 실현시킬 수 있도록 여러분에게 길을 제시해줄 것이다. 왜냐면 고차원 세계에 존재하는 '나'라는 존재는 '나를' 너무나도 사랑하기 때문이다.

CHAPTER 3

감정을
받아들일 때

가장
건강하다

12.

감정이
건강한 상태를
면면이 하는 이유

이번 챕터에서는 '감정'에 대해 더 알아보고자 한다. 우리의 감정이 어디서 불어오는지? 또 어떠한 메커니즘을 갖고 있는지 이해할 수 있다면 관계 안에서 발생되는 '시행착오'를 줄일 수 있을 것이다.

나는 보컬트레이너로 약 200명의 학생을 가르쳐왔다. 특히 일반인, 직장인을 전문적으로 가르쳐왔기에 나의 보컬트레이닝 기술은 단순히 노래만을 잘 부르기 위한 방법론이 아니다. 오히려 목소리라는 메커니즘에 인간의 심리를 접목시켜 이해를 도왔을 때 일반인, 직장인들의 시행착오가 눈에 띄게 줄어드는 것을 확인할 수 있었다. 하여 나는 수년 동안 보컬트레이닝을 이어오면서 직, 간접적으로 약 200여 명의 직장인, 일반인의 심리를 관찰하며 연구해보았다. 그리고 이 과정을 통해 내가 크게 깨달은 한 가지가 있다. 그리고 이 한 가지는 대부분의 사람이 잘 모르고 지나치며 특히 많이들 오해하고 있는 요소였다.

한번은 20대 초반의 여성이 나에게 보컬트레이닝을 받게 되었다. 약 1년 6개월 정도 레슨을 받았던 학생이었는데 다들 그 학생을 보고 말하길 '참 밝은 사람'이라고 평가하곤 했다. 하지만 나는 그 학생의 가정환경부터, 특히 어릴 때 어떤 모습이었는지까지 간접적으로나마 전부 알고 있었다. 왜냐면 그 학생과 내가 최초로 인연이 닿았던 건 내가 고등학교 시절 처음 교회를 다니기 시작하면서였기 때문이다.

내가 처음 교회에서 그 학생을 만났을 때 그 학생은 이제 막 중학교에 입학했다. 특히 그 학생의 아버지는 교회 임원이었고, 청소년부 리더 역할까지 함께 맡고 계셨기에 나 역시 잘 알고 있던 분이었다.

우선 내가 기억하는 그 학생의 첫인상은 굉장히 반항심이 큰 모습이었다. 워낙 남자처럼 하고 다니기도 했었고 말투 역시 툭툭 쏘아대는 말투였기 때문에 더 그렇게 느꼈던 것 같다.

그 학생의 반항심이 클 수밖에 없었던 건 단순히 사춘기 때문만은 아니었다. 오히려 부모님의 성향과 자주 부딪히면서 점점 반항심이 커졌던 것인데 일단 그 학생의 부모님은 남자와 여자의 역할에 대해 묘한 차별이 있었다고 한다. 한번은 수업을 진행하면서 이런 심리적인 부분으로 이야기를 나누던 중 그 학생이 내게 직접 이야기했다. 스스로 생각하기에도 어릴 적 부모님의 이러한 차별 때문에 반항심이 컸던 것 같고, 무언가 억눌린 감정을 안은 채 계속 살아왔던 것 같다고 말이다. 게다가 그 학생의 오빠는 중·고등학교 내내 전교 1~2등을 할 만큼 엘리트였다. 하지만 오빠에 비해 성적이 형편없었던 그 학생은 항상 오빠와 비교당하기 일수였고, 특히 늦둥이로 태어난 남동생과도 끝내 차별하는 부모님을 보며 20대 성인이 된 이후엔 아예 연을 끊겠다며 집을 나가버린 상태였던 것이다.

그런 가정환경을 알고 있던 나로서는 오히려 매번 하하 호호하며 밝은 모습만을 보여주던 그 학생의 모습이 더 낯설게 느껴졌다. 특히 다른 레슨생들도 평가하기에 저 학생은 참 밝은 사람이라고 그렇게 말하곤 했다.

하지만 그런 순간에도 나는 묘한 기시감을 지울 수 없었다. 왜냐면 극도로 밝은 분위기를 연출하는 그 학생의 모습이 어딘가 부자연스러워 보였기 때문이다.

그러다 한번은 회식 자리에서 그 학생이 술에 취한 상태로 나에게 다가왔다. 그리고 말했다.

"오빠 나 아까 저기서 토했어. 나 엄청 취했거든!?"

음…. 잠시 그 당시의 내 모습에 대해 이야기하자면, 당시에 나는 독설을 가감 없이 하는 레슨법을 이어가고 있었다. 특히 연습하지 않고 안 될 이유만 생각하는 태도를 나는 절대 받아들일 수 없다는 태도로 강의를 진행했는데 나의 그 가치관 때문에 그 학생과 나는 수업 중간 중간 자주 부딪히게 되었다.

나중에 듣게 된 이야기지만 그 당시 레슨생들 사이에서 나의 유행어

한 가지가 있었다고 한다. "야 구려~."

아무튼 다시 돌아와서, 술에 취해 자신이 힘들다는 것을 말하는 그 학생을 보며 나는 불현듯 그 학생의 내면이 보이는 듯했다. 그리고 생각했다. '위로받고 싶은 것이구나.'

나는 그때부터 그 학생을 더 자세히 관찰해보기로 했다. 그러자 이전에 보이지 않던 모습들이 하나씩 보이기 시작했다.

일단 가장 크게 보이는 건 너무 과도하게 웃는 그 학생의 모습에서 나는 무언가 괴리감을 느끼고 있다는 것을 깨닫게 되었다. 왜 우리 주변을 둘러보면 극단적으로 밝으면서 과하게 웃는 친구를 한 번쯤은 본 적 있을 것이다. 내가 느끼는 괴리감이 바로 그런 경우였는데 나는 그제야 깨닫게 되었다.

그 학생은 자신의 어두운 면을 가리기 위해 극단적인 밝음으로 포장된 가면을 꼈다는 것을 말이다. 그리고 더 이상한 건 스스로 이러한 가면을 낀 상태라는 것도 자각하지 못하는 것처럼 보였다.

나중에 그 학생을 통해 들은 바로는 밖에서 그렇게 웃다가도 집에만 가면 기분이 축 가라앉아서 한동안 우울감에 젖어 있다는 것이다. 가면을 낀 채로 그렇게 밝은 모습만을 소모해버리니 그 안에 있는 내 진짜 얼굴엔 계속해서 짙은 어둠만이 남아 있는 상태가 되는 것이었다.

그리고 이러한 감정의 오류는 노래를 부르는 동안에도 직접적으로 표현되었다.

그 학생의 노래를 들은 기타 다른 레슨생들은 항상 같은 피드백을 주곤 했다. "감정 없이 기계처럼 부르는 것 같아요."라는 피드백이 주를 이룬 것이다.

이것을 더 직접적으로 표현해보면 그만큼 감정 표현에 서툴다는 것을 뜻할 것이다.

노래를 부르는 동안에도 이렇게 감정의 오류가 나타날 수밖에 없는 이유는 어쩌면 너무나도 당연하다. 왜냐면 평소에도 그렇게 가면을 끼고 다니기 때문에 노래하며 표현되는 감정선 자체도 가면을 낀 듯, 로봇 같은 감정 표현밖에 할 수 없는 것이다.

나는 이것을 깨닫고 한 가지 결심했다. 그 학생의 가면을 부숴야겠다고 말이다. 왜냐면 그것이 노래 실력을 높이는 길이기도 하면서 동시에 그 학생의 우울감을 잡아낼 수 있는 길임을 확신했기 때문이다. 하여 수업 시간 내내 더 많이 부딪혔다.

실제로 그 학생이 수업 도중에 울음을 터트리기도 했으니 말이다.

그리고 어느 날 그 학생은 내게 따로 연락하여 이렇게 말했다.

"날 가르칠 수 있는 사람은 오빠밖에 없는 것 같아. 1:1 레슨을 받고 싶은데 어떻게 안 될까?"

아마도 이 심리를 분석해보면 그렇게 가면을 깨부수고 자신의 감정 라인을 원만하게 흐를 수 있도록 일깨워준 나에게 감사함을 느끼고 있는 것 같았다. 그리고 그때부터 조금씩 노래 안에서 실질적인 표현이 나오기 시작했다.

    나는 이 사례를 통해 한 가지 분명하게 깨닫게 되었다. 우리 주변을 둘러보면 감정이 극단적인 사람들이 있다. 극단적으로 밝거나, 극단적으로 차분하거나, 극단적으로 우울한 사람들 말이다.

    이렇게 감정이 극단적으로 몰려 있는 사람들은 감정의 종류와 상관없이 감정의 센서가 망가져 버린 사람들이다. 감정의 센서가 망가졌기에 점점 더 가면 속으로 숨어버릴 수밖에 없고 그렇게 사회생활을 하는 동안 내가 선택한 가면의 종류에 맞춰 인간관계를 이어가다가 다시 혼자가 되어 가면을 낄 필요가 없는 상태에 이르면 내가 낀 가면의 종류와 반대되는 감정이 나를 괴롭히게 된다. 더 이상 인간관계 안에서 감정을 순환시킬 수 없는 지경에 이르고 점점 감정이 극단적으로 변해가면서 우울한 감정이 삶을 장악해버리는 지경에 이르게 되는 것이다.

    그래서 나는 극단적으로 밝은 사람들 역시 우울증을 앓고 있다고 판단하곤 한다.

    감정은 절대 어딘가로 치우칠 수 없다. 긍정의 감정이든 부정의 감정이든 한 방향으로만 극단적으로 치우칠 수 없다는 것이다. 그렇기에 무조건 행복할 수도 없고 무조건 우울할 수만도 없다. 아이러니하지만 행복하다는 것도 우울함이 있기에 느낄 수 있는 감정이고 반대로 우울함 역시 행복의 감정이 어느 순간 소모됨에 따라 동반되는 감정이다.

빛이 있기에 어둠이 있을 수 있는 이치와 같은 원리이다.

그렇기에 건강한 감정 센서를 가진 사람은 '표현'이 많은 사람이다. 우울한 감정도, 화라는 감정도, 불안한 감정도, 행복한 감정도, 기쁜 감정도 모두 마찬가지로 자신의 감정임을 인정하고 받아들일 수 있는 사람이야말로 가장 건강한 감정 센서를 가진 사람이라는 것이다.

반대로 감정이 한쪽으로 몰려 있다는 것은 다른 한쪽의 감정을 외면하겠다는 것이고 그렇게 외면하고 싶은 감정을 지워버리려다 필연적으로 동반되는 부작용으로 인해 감정의 센서는 망가져 버리게 되는 것이다.

우리는 그저 인정하면 된다. 감정이 소모될 때 비로소 고갈될 수 있고 그 자리로 또다시 다른 감정이 불어올 수 있다는 것을 말이다. 이것이 '감정의 순환이론'이다.

이러한 감정의 메커니즘은 우리 관계에 있어 너무나 중요하고도 강력한 영향력을 행사하게 된다. 나는 항상 강조한다. 감정이 건강한 상대를 만나야 한다고 말이다. 왜냐면 감정이 건강하지 못한 상대와 만나게 된다면 그 극단적인 감정의 파도를 내가 감당해야 하고 그 여파로 인해 나의 감정 역시 망가지게 된다.

이렇게 생각하면 된다. 극단적으로 밝은 만큼 극단적으로 어두운 면도 있다는 것을 말이다. 건강한 관계란 모든 감정이 관계 안에서 순환될 수 있을 때 비로소 완성된다.

어두운 감정도, 밝은 감정도 이 모든 게 관계 안에서 순환할 수 있을 때 가장 건강하고 튼튼한 관계가 완성된다는 것이다.

따라서 '5차원 연애'란 음과 양의 모든 감정이 원활히 순환할 수 있는 상태를 가리키기도 한다. 그리고 여러분이 꿈꾸는 가장 행복한 '5차원 연애'를 완성하기 위해서는 반드시 감정이 건강한 상대를 만나야 한다는 사실을 명심하길 바란다.

13.

감정의
메커니즘을 이룬
(감정의 오류)

내가 이 5차원의 존재, 고차원의 '나'의 가능성을 이해하기 시작하면서 함께 깨달은 것이 있다. 바로 감정에도 메커니즘이 존재한다는 것이었다.

한번은 '57층 한강뷰'라는 채널명으로 유튜브 채널을 새로 만들어서 그곳에 자기 계발에 관한 영상을 업로드했다. 그리고 그곳에 내가 깨달은 이 감정의 메커니즘을 주제로 영상을 만들어 업로드했고, 해당 영상에 달린 댓글 하나가 나의 이목을 집중시켰다.

그 댓글에서 말하길 내가 전한 이 감정의 메커니즘이 실제 인지 치료 과정에서도 사용되고 있으며 100만 원에 가까운 금액을 지불해야 치료받을 수 있는 이론이라는 사실을 나에게 알려 준 것이다. (실제 댓글을 남긴 그분이 직접, 이 인지 치료를 받고 있다고 간증했다.)

그분이 남겨주신 댓글로 인해 나는 이 감정의 메커니즘이 더 많은 사람을 구원해줄 수 있을 것이라 확신하게 되었다. 그래서 실제 1:1 상담에서 내담자에게 이 인지 치료 과정을 더 구체적으로 소개했고 그로 인해 그들의 아픈 감정을 더 빠르게 소화해낼 수 있도록 돕고자 했다. 그리고 효과는 분명했다.

나는 이 인지 치료 과정을 '감정의 트라이앵글 이론'이라고 칭하기로 했으며 내 유튜브 채널 '드리밍레오니즘'에도 이 이론을 한 차례 소개한 바 있다.

그리고 지금부터 이 '감정의 트라이앵글 이론'의 메시지를 여러분에게 전하고자 한다.

감정의 트라이앵글 이론

감정의 트라이앵글 이론은 다음과 같다. 모든 생각은 감정과 연결되고, 이 감정은 또 나의 믿음 체계와 연결되면서 이 믿음 체계는 또다시 생각을 낳게 된다. 또 반대로 모든 생각은 나의 믿음 체계로 연결되게 되고, 이 믿음 체계는 나의 감정으로 연결되면서 이 감정은 또다시 생각을 낳게 된다.

즉 감정, 생각, 믿음 체계라는 이 3요소는 서로 상호작용하며 반응하게 되는데 한 가지 나의 실제 상황을 예시로 들면서 이 '감정의 트라이앵글 이론'을 설명해보겠다.

나는 22년까지 분양상담사로 근무했다. 그리고 이 이야기는 22년 하반기, 나의 마지막 현장에서 일어났던 일이다. 당시 현장의 사전 답사를 이어가면서 현장에 대해 분석하던 시기였다. 그리고 동시에 영업 준비를 이어가던 시기였는데 문제는 내가 한 부동산 컨설팅 대표님과 MOU를 체결하면서 발생하게 되었다.

현장 자료를 넘겨주면서 관련 사진 자료도 함께 보내야 했는데 그 자료 중 하나가 잘못 전송되면서 문제가 발생한 것이다.

문제의 자료는 다른 팀원이 팀 단톡방에 현장 사진을 공유해주었던 사진이었는데 나는 내가 직접 찍은 사진을 전송한다는 것이 팀원이 보내준 사진으로 잘못 전송한 것이었다. 게다가 이 자료를 아직 외부에 공유하면 안 되는 상황이었는데 부동산 대표님이 곧바로 자신의 블로그에 자료를 업로드해 버린 것이었다. 당시 나는 부동산 대표님께 따로 말씀드리기 전까진 인터넷에 올리지 말아 달라고 요청하여 그것이 곧바로 블로그에 올라갈 것이라고는 전혀 생각하지 못했다. (어쨌든 이는 내 과실이 분명하다.)

그렇게 영업활동을 이어가던 중 어느 날 갑자기 해당 직원이 소리치며 말하는 것이었다. "혹시 이 사진 올린 사람 누구예요?"

나는 업무에 집중하고 있었기에 즉시 해당 직원이 소리치는 그 말을 듣지 못했다. 그러던 중 해당 팀원이 나에게 다가와 직접 물었다. "혹시 이 업체 알고 있어요?"

확인해보니 며칠 전 나와 MOU를 체결한 부동산 회사였고 나는 내가 MOU를 체결한 회사가 맞다고 해당 팀원에게 전달했다.

그리고 해당 팀원은 내게 링크 하나를 공유해주었고 그 안에 담긴 내용을 즉시 확인해보았다. 내용을 확인해보니 아직 올리지 말아 달라고 했던 자료들이 그대로 업로드되어 있었다. 게다가 내가 찍었던 현장 사진이 아닌 해당 팀원이 단톡에 공유해준 사진 자료가 올라가 있는 것이었다. 나는 순간 당황했고 살짝 버벅대고 있을 때 그 직원은 내게 말했다.

"내가 팀원들 참고하라고 보내준 사진이지 댁이 개인적으로 사용하라고 보내준 자료예요? 당장 내려요."

그 자리엔 약 100여 명의 직원이 함께 있었고 그 순간 모든 직원이 나와 그 직원에게 시선을 집중했다. 그리고 나는 순간 분노했다. 사실 그 사진 자료가 엄청 대단히 결정적인 자료도 아니고 굳이 이렇게 대놓고 쪽을 줄 필요가 있을까? 하고 생각한 것이다. 게다가 그렇게 현장에서 소리친 것 외에도 팀 단톡방에까지 확인 사살하면서 나를 대역 죄인으로 만들었다.

나는 순간 나를 무시하는 것이 분명하다는 생각 때문에 온몸이 부들부들 떨리기 시작했다.

도무지 일이 손에 잡히지 않아 자리에 멍하니 앉아 생각했다. 석회 시간까지는 약 1시간 정도 남은 상황이었고 나는 이 1시간 동안 '감정의 트라이앵글 이론'을 토대로 지금 내가 분노하는 이 감정에 대해 더 자세히 들여다보기로 했다.

내 감정은 현재 화가 나 있는 상황이다. 그렇다면 나는 도대체 어떤 생각을 하고 있기에 화가 나는 것일까? 그렇게 나의 감정이 반응한 생각을 역으로 추적해보기로 했고 그 생각은 다름 아닌 상대방이 나를 공식적인 자리에서 망신을 주었다는 생각에 반응하고 있는 것이었다.

그리고 이 생각이 어떠한 믿음 체계로 향했는지 또다시 생각을 확장해보았다. 그렇게 분석해보니 내 생각이 반응한 믿음 체계는 상대방이 나를 무시하고 있다는 믿음 체계로 향했다. 그리고 이 믿음 체계는 또다시 나의 감정으로 향해 분노라는 감정을 불러오게 된 것이었다.

다시 정리해보면 나는 상대방이 공식적인 자리에서 나를 망신 주었다고 생각했고 이는 나를 무시하고 있는 증거라고 판단하면서 화가 나기 시작한 것이었다.

그런데 이 생각 체계를 조금 바꿔보기로 했다. 먼저 내 생각이 반응하고 있는 것, '공식적인 자리에서 망신당했다'는 이 생각이 과연 진실일까? 생각해보았다.

그러자 단번에 깨닫게 되었다. 앞서 계속 강조했듯이 그렇게 망신당했다고 느끼는 감정도 결국 내 안에 있던 것이었다. 그리고 실제로 그 상황을 객관적으로 분석해보았다.

만약 내가 아닌 다른 사람이 나와 같은 상황에 처했을 때 나는 과연 누구를 안 좋게 보게 될까? 아마도 그 상황에서 소리치고 있던 해당 직원을 안 좋게 바라볼 것 같았다. 왜냐면 '굳이 저렇게까지 해야 하나?'라는 생각을 할 것 같았기 때문이다. 그리고 반대로 그것을 당하고 있는 직원을 보며 조금은 측은하게 볼 것 같았다.

다시 정리해보면 망신당했다고 판단한 내 생각은 그저 나만의 생각이었을 뿐이었고 결국 그 생각의 방향을 바꾸어서 다시 생각해보니 내가 무시당했다고 판단한 그 믿음 체계 또한 잘못된 것이었다. 애초에 망신당한 것이 아니라고 판단되니 그 생각은 무시당했다는 믿음 체계로 이어지지 못하는 것이었다.

감정이란 결국 이 감정의 트라이앵글의 원리대로 서로 상호작용하며 반응하는 것인데 이렇게 생각 하나가 바뀌니 그 외의 감정과 믿음 체계 역시 그에 따라 변화될 수밖에 없다는 것을 직접 경험할 수 있었다. 다시 말해 이렇게 생각을 객관적으로 판단해보자 이내 곧 나의 분노의 감정은 진정되었고 오히려 미안한 감정이 들기 시작했다.

그리고 다시 한번 감정의 트라이앵글을 작동시켜서 상대방 입장을 분석해보기로 했다.

상대방은 분노하고 있다. 왜 분노할까? 자신의 자료가 자기도 모르는 사이에 인터넷에 유출된 것이다. 화가 날 만하다. 게다가 자신도 모르게 유출되었다는 생각은 믿음 체계로 향하길 오히려 해당 직원 스스로 느끼기에 무시당했다고 판단할 만하다는 생각이 들었다. 게다가 그 생각에 뒤를 이어 아마 나를 파렴치하다고 생각할 수 있을 것 같다는 생각이 들었다. 그래서 화가 났을 것이다.

그렇다. 상대방 입장에서는 충분히 화가 날 수도 있을 상황이라는 것을 받아들이자 내 마음에서는 분노의 감정보다는 오히려 미안한 감정이 더 불어오기 시작했다.

다시 돌아와서 우리의 감정은 결국 내 생각과 믿음 체계에 반응한다. 추후 뒤에 내용에서 더 자세히 다룰 예정이지만 남녀가 더 잘 싸우는 방법은 순간에 불어오는 나의 감정을 한 차례 의심해보는 것이다. 그리고 나의 감정을 의심해보라는 이 말이 가리키는 더 깊은 의미는 바로 감정의 트라이앵글 이론을 가리킨다.

화가 나는 상황에서 잠시 대화를 멈추고 이 감정의 트라이앵글 이론을 스스로 작동해보는 것이다. 아마 여기까지 도달할 수 있다면 여러분의 관계는 높은 확률로 더 행복한 모습을 그리게 될 것이다.

만약 남자친구가 연락을 자주 하지 않는 것에 내가 불안한 감정을 가진 상황이라고 가정해보자. 이때 가장 먼저 감정의 트라이앵글 이론 중 감정 자리에 '불안한 감정'을 대입해 보는 것이다. 그러면 이 불안이라는 감정이 파생된 생각과 믿음 체계가 그제야 제대로 보일 것이다.

'도대체 어떤 생각을 하고 있기에, 또는 도대체 어떤 믿음 체계가 있기에 나는 남자친구가 연락하지 않는 이 상황이 불안한 것일까?'

십중팔구의 확률로 남자친구가 연락하지 않는 이 상황에서 불안의 감정을 느끼는 믿음 체계는 남자친구가 다른 이성과 만나고 있을 수 있다!라는 의심에서 비롯될 것이다. 그리고 그 믿음 체계는 생각으로 향하길 바람 피우고 있다는 생각으로 이어질 것이고 그렇기에 불안한 것이다. 만약 이것이 억측이라고 생각한다면 아직까지 나 스스로를 객관화하지 못한 것이다.

남자친구가 연락하지 않는 상황이 불안한 이유는 대체 무엇인가?

남자친구가 사고가 났을까 봐 걱정되어서? 물론 그럴 수도 있지만 아마 스스로도 잘 알고 있을 것이다. 그것은 아닐 것이라고….

높은 확률로 남자가 나에게서 떠나갈 수 있다는 믿음 체계가 있는 것이고 그중 하나가 바로 남자가 다른 이성을 만나고 있을까 봐, 또는 남자친구의 마음이 변한 것은 아닐까 하고 생각하는 것이다. 결국 남자친구를 의심하기에 불안한 것이고 이는 관계 안에서, 또는 내 마음에 믿음이 없다는 것을 증명하는 것이다.

"남자친구가 믿음을 주지 않은 걸 어떡해요?"라고 한다면 이 책의 앞의 내용을 제대로 이해하지 못했거나 건너뛰고 읽었을 것이라고 믿는다. **믿음이라는 감정도, 그리고 불안이라는 감정도 상대방이 나에게 주는 무언가가 아니다. 애초에 내 마음 안에 불안이 있기에 나는 그 불안을 중**

심으로 남자친구를 바라보고 평가하고 있는 것일 뿐이다.

이것이 이해될 때까지 '감정의 트라이앵글 이론'을 스스로 작동시켜 다시 한번 생각해보길 바란다.

남자친구와 연락이 되지 않아 불안을 느끼는 상황이라고 했을 때 과연 여러분의 남자친구는 지금 나 몰래 다른 이성을 만나고 있을 사람인가?

만약 Yes라고 답이 나올 만한 사람이라면 당장 헤어져야 한다. 믿음이 없는 상황인데 도대체 왜 만남을 이어가고 있는 것인지 모르겠다.

실제 상담을 이어가다 보면 이 상황에서 대부분 말하는 것이 '걔는 그럴 사람은 아니에요.'이다. 머리로는 그럴 사람이 아닌 것을 알면서 도대체 지금 왜 불안한 것인가?

(또는 자신이 외로운데 남자친구가 내게 연락을 자주 하지 않으니 이 외로움의 감정을 남자친구 탓으로 돌리고 있을 수도 있다. 만약 이런 경우라면 '감정의 트라이앵글 이론'을 한 차례 돌려보기만 하더라도 금방 깨달을 수 있을 것이다.)

관계가 악화되는 이유는 이 불안의 원인을 자꾸 상대방에게서 찾고자 하기 때문이다.

다시 강조하는데 모든 감정의 시작은 결국 '나 자신'이다. 내 안에 불안의 감정이 존재하니 그 불안의 감정을 상대에게 투사하는 것이다.

상대방은 죄가 없음을 인정해야 한다. 그리고 근본적으로 불안의 감정을 내 안에서 없애고자 노력해야 한다. 그리고 나는 구체적인 방법으로 계속해서 이 '감정의 트라이앵글 이론'을 작동시켜 보라고 추천하고 싶다.

내가 왜 불안한 건지 계속해서 감정의 트라이앵글 이론을 작동시켜 보아라. 불안한 감정의 근본적인 이유, 핵심이 보일 것이다. 그리고 그 핵심 원인을 본질적으로 해소해버릴 수 있으면 이 불안한 감정은 더 이상 나를 괴롭히지 않을 수 있다. 그리고 불안의 감정이 내 안에서 사라지니 더 이상 불안이라는 감정이 나에게 영향력을 행사하지 못할 것이다.

이것이 건강한 관계를 위한 구체적인 방법 중 하나이자 내가 나다움으로 살아가는 1등 방법이다.

지금 여러분을 괴롭히고 있는 부정의 감정이 있다면 지금 당장 이 '감정의 트라이앵글 이론'을 작동시켜 보자.

우리는 지금까지 내 감정을 제대로 들여다보지 못했다. 그러니 어디서 이 감정이 불어오는 것인지 제대로 깨닫지 못한 채 이리저리 휘둘렸던 것이다. 그러나 감정은 그 자체만으로 나에게 영향력을 줄 수 없음을 깨닫는다면 더 이상 감정에 휘둘리지 않을 수 있다.

제대로 들여다보고 그것을 풀어내고자 이 '감정의 트라이앵글 이론'을 활용해보자.

분명 스스로 점점 더 평온해지는 여러분을 발견할 수 있을 것이다.

14.

모든 것이 다른 두 사람이 단 한 번의 다툼 없이 잘 지낼 수 있는 확률은 얼마나 될까? 단언컨대 0%에 가까울 것이라 확신한다. 만약 다투지 않고 1년, 2년 이상 연애한 경험이 있다면 그것은 남녀 둘 중 한 명이 꾸준히 인내하고 참고 있는 덕분일 것이다.

하지만 분명한 건 한쪽이 모든 것을 인내하고 있는 관계는 절대로 건강한 관계라고 할 수 없다는 것이다. 성별부터 신체 구조, 게다가 자라온 환경까지 남자와 여자는 애초에 모든 것이 다르다. 심지어 교육 수준도 다를 것이고 믿고 있는 종교도 다를 수 있다. 이렇게 모든 것이 다른 남자와 여자가 단 한 번의 다툼 없이 평온하게만 지낼 수 있다면 그것이야말로 신이 내린 축복이 아닐까? (아마도 영화나 소설 속에서나 가능할 법한 확률이다.)

앞서 말했듯이 나는 행복한 관계의 가능성을 단순히 운에 맡기고 싶지 않았다. 그렇기에 항상 고민했다. 모든 만남에서 다툼은 불가피한데 이 다툼을 더욱 긍정적인 방향으로 이끌어갈 수 있다면 보다 더 이상적인 관계로 나아갈 수 있지 않을까?

생각해보면 우리가 관계 안에서 처음 상처 입게 되는 순간은 대부분 크고 작은 다툼에서 시작된다. 평소 사랑스러운 눈으로 바라보던 상대의 눈빛과는 달리 죽일 듯 분노하는 눈으로 나를 바라보는 상대의 모습, 어쩌면 그 자체로 트라우마가 될 수 있다.

게다가 때로는 대화로 시작했던 작은 언쟁에 점점 감정이 개입되기 시작하면서 큰 싸움으로 번지기도 한다. 분명한 건 대화 안에 감정이 개입되는 순간 그 대화는 더 이상 이성적인 대화가 아닌 감정 대 감정이 맞붙는 격이 되며 순식간에 남녀 두 사람의 마음을 불태워버린다는 것이다.

그렇기에 잘 싸우는 방법 중 첫 번째는 서로 감정이 격해질 때는 내가 화가 났다는 것을 인정하는 것이다.

분노의 감정이 대화 안에서 피어나는 순간 그와 동시에 파생되는 감정은 억울함, 답답함, 불안과 같은 감정이다. 그렇기에 이 억울함, 답답함, 불안과 같은 감정을 더 해소해보고자 나름 이성으로 대화를 끌고 가보지만 결국 실패한다. 왜냐면 그 억울함, 답답함, 불안과 같은 감정 안에 숨겨진 분노를 상대방은 귀신같이 눈치 채기 때문이다. 그리고 내 안의 그 분노가 상대에게 전해질 때 상대 역시 분노에 반응하게 되고 그렇게 두 사람의 대화는 점점 더 격해지기 시작한다.

심지어 상대방이 '너 지금 감정이 격해졌어. 나중에 대화하자.'라고 말한다고 해도 통하지 않는다. 오히려 그 말 자체가 나를 비꼬는 것 같고 지금 대화를 끝내자니 더 억울해 미쳐버릴 것 같은 감정 때문에 쉽사리 대화를 멈추지 못한다.

이때는 먼저 인정하는 것이 정답이다. 내가 지금 화를 내고 있음을 자각하고 인정해야 한다. 그리고 자존심을 내려놓아야 한다. 그렇게 지금 내가 느끼는 감정을 인정하고 도대체 왜 그렇게 분노할 수밖에 없었는지 나의 감정을 한 차례 의심해보는 것이 잘 싸우기 위한 방법이다.

그리고 동시에 '감정의 트라이앵글 이론'을 스스로 작동시켜 보는 것이다.

인간을 지적인 생명체고 더할 나위 없이 완벽한 존재라고 생각한다면 그것은 큰 착각이다.

우리 인간은 실로 불완전한 존재이다. 특히 우리가 이성적이라고 판단하는 모든 선택은 지극히 감성적이면서도 충동적인 판단에 의한 선택들이 대부분이다.

감정도 마찬가지다. 나는 사람은 지극히 감성적인 동물이라고 생각한다. 감정에 의해 모든 것이 좌우되기도 하며 심지어 내 의지와는 상관없는 유전적 오류에서 발생된 감정으로 인해 때때로 큰 후회를 낳기도 한다.

예를 들어 다툼이 진행되는 상황에서 여자가 남자에게 지금 화가 난 것 같으니 나중에 이야기하자는 말을 전했다고 하자. 이미 감정이 격해졌고 이미 모든 이성적 사고가 감정에 의해 마비되어 있는 이 순간 남자가 느끼는 감정은 '내 능력이 무시당한 것 같은 느낌'이다. 그렇기에 남자가 생각하길 왠지 지금 대화를 끝내면 내가 진 것 같은 느낌이 들고 그로 인해 고집을 피우기 시작하면서 끝내 욱하며 화내는 상황까지 이어지는 것이다.

왜 이런 상황이 벌어지게 되는 것일까? 앞서 살펴본 대로 남자는 모든 상황을 자신의 능력과 연결 지어 생각한다. 왜냐면 남자의 본능이 그렇게 작동되게끔 진화된 것이다. 그렇기에 여자의 '나중에 대화하자는 말'이 자신을 무시하고 있다는 생각으로 이어지게 되는 것이다.

하지만 여자가 남자에게 그렇게 말을 전한 이유는 지금 이 상황을 일단 진정시키기 위함이었을 것이다. 즉 남자를 무시하려고 한 의도가 아니라는 것이다.

하지만 남자는 여자의 그 말을 혼자 생각하고 판단하게 된다. 이는 곧 유전적 오류에 의한 결과이며 감정의 오류이다.

아마 이런 상황에서도 남자는 스스로 이 오류를 자각하지 못하는 경우가 대부분일 것이다. 왜냐면 화가 난 상황에서 이미 이성은 마비되었기 때문이다.

만약 이 상황에서 남자가 자신이 화가 난 이유를 아주 논리적으로 설명하려고 해봐야 결국 상대에게 전해지길 분노에 대한 명분으로 둘러대는 핑계로 다가가게 될 뿐이다.

잘 싸우기 위한 방법은 이 감정의 오류를 먼저 인정해야 한다.

감정의 오류를 먼저 인정하고 그렇게 관계 안에서 다툼이 발생했을 때 가장 먼저 내가 느끼고 있는 부정의 감정을 반드시 의심해보고자 노력하는 것이다.

이 부정의 감정이 진짜 상대방이 나에게 준 감정이 맞는지 스스로 판단해보면 답은 더욱 분명해질 것이다. 대부분 그 부정의 감정은 상대방이 나에게 준 것이 아닌 나 스스로 느낀 결과임을 분명 깨닫게 될 것이다.

특히 아직 다툼으로 이어진 상황이 아닌 경우라면 부정의 감정이 살짝 올라오려고 할 타이밍에 즉시 화를 내는 것보다 오히려 나의 그 부정의 감정을 먼저 의심해보자. 여러분이 이 수준까지 나의 감정을 컨트롤할 수 있다면 그 자체만으로 여러분의 삶의 레벨은 상당히 고레벨에 도달해 있을 것이다.

그리고 이러한 감정 컨트롤은 관계 안에서 발생되는 대부분의 다툼을 사전 예방할 수 있도록 관계를 이끌 것이다.

명심해야 한다. 관계 안에서 발생하는 대부분의 다툼은 감정에 의해 비롯된 것이고, 이 감정은 지극히 주관적이고 편파적이라는 사실을 깨달아야 한다.

잘 싸우기 위한 방법 중 또 하나의 퍼즐 조각은 규칙을 정하는 것이다. 그리고 나는 이렇게 관계 안에서 지켜나가야 할 규칙들이 더욱 선명해질 때 비로소 관계 안의 연애 시스템이 더욱 정교해졌다고 판단한다.

앞서 이야기했듯이 인간은 참으로 나약한 존재이다. 그렇기에 나의 의지만으로 행복한 관계를 이어가고자 한다면 반드시 실패하게 된다.

나의 경우로 예를 들어보겠다. 나의 배우자와 나는 '다툰 이후 무조건 24시간 안에 화해하자'는 규칙을 관계의 시작점에서부터 미리 약속하였다. 그리고 실제 이 규칙은 우리가 다툼을 이어갈 때 우리의 다툼을 더 원만하게 해결하는 방향으로 이끌어주었다.

화라는 감정도 순간 끓어오르는 감정이고 특히 순간적으로 폭발하는 에너지이기에 그만큼 빠르게 소모된다. 나의 경우 순간 빠르게 화가 끓어오르기도 하지만 대부분 30분, 길면 1시간 안에 감정은 완벽히 정리된다. (때로는 10분 만에 감정이 완전히 정리되는 경우도 있었다.)

아마 상황에 따라 이 화라는 감정이 소모되는 시간이 각각 다를 수 있겠지만 대부분 24시간 안에 분노의 감정은 소멸된다. 만약 24시간이 지나서도 분노가 사라지지 않는 경우라고 한다면 대부분 자존심에 의한 부수적인 감정임이 틀림없을 것이다.

다툼에 있어 화해할 수 있는 골든타임은 바로 24시간이다. 아니 솔직히 24시간도 길다. 다만 사람마다 차이가 있을 수 있기에 최대 24시간을 넘기지 말자는 것이다.

만약 다툰 이후 화해하지 못하고 24시간이 넘어가 버렸다면? 그때부터는 자존심 싸움이다.

게다가 한번 발동된 자존심은 쉽사리 타협하기 어렵다. 그렇기에 시간이 소요되면 소요될수록 더 화해하기 어려워지고 그만큼 관계는 막다른 길로 나아가게 된다.

잘 다투는 것만큼 잘 화해하는 것이 중요하다. 그리고 더욱 중요한 것은 제때 화해하는 것이다.

그리고 이밖에도 관계 안에서 두 사람이 맞춰가야 할 문제들은 참 많을 것이다. 특히 결혼한 부부라면 더욱 그렇다. 이때 명심해야 하는 것은 스스로를 너무 과신하지 말라는 것이다. 마찬가지로 상대가 완벽할 것이라는 믿음 역시 당장 버려야 한다. 상대도 실수할 수 있음을 인정하고 나역시 실수할 수 있음을 인정해야 한다.

그렇기에 실수를 사전 예방하기 위한 관계의 규칙을 정하는 것은 무엇보다도 중요하다.

단편적인 예시로 다툰 이후 24시간 안에 화해하는 것을 이야기했지만 이밖에 두 사람이 관계를 맞춰감에 따라 더 다양한 규칙이 필요할 것이다. 너무 많지 않게, 그렇다고 너무 적지 않게 관계 안의 규칙을 정해놓고 다툼이 발생한 경우라면 우리가 정한 그 규칙을 철저하게 지켜가며 상대방과 대화를 나누고 화해를 청해보면 어떨까?

분명 관계 안의 규칙들이 두 사람을 더 건강한 모습으로 이끌어줄 것이다.

다툼이란 행복한 관계를 지속하기 위해 반드시 필요한 과정이다. 나 역시 이러한 과정들을 사전에 알고 있었지만, 나의 배우자와 다툼을 이어가던 순간 이러한 깨달음을 자각하지 못했다.

그 순간을 떠올려보면 아내의 말 한마디 한마디가 나를 무시하는 것 같은 생각마저 들었다. 그래서 더욱 크게 화가 났던 적도 있다.

하지만 분명한 건 단 한 번도 아내는 나를 무시한 적이 없었다. 심지어 나를 무시한다고 생각했던 그 이야기 모두가 실은 나를 남편으로 생각하기에 의지하며 기대는 이야기였음을 아내의 말 덕분에 깨닫게 되었다.

이 지식은 우리가 더 행복한 관계로 나아갈 수 있는 확률을 높여줄 것이다. 하지만 딱 거기까지다. 관계 안에서 확률을 높이는 것까지의 역할 말이다.

이 확률을 기회로 만들어 관계에 대입하는 것은 여러분과 상대방이 직접 해야 할 몫이다.

여러분의 관계가 점점 확률을 높여갈 수 있길 바란다. 지식을 습득하고 그 지식을 실제 나의 관계 안에 접목하면서 그렇게 시행착오를 겪길 바란다. 그렇게 쌓인 시행착오들은 다시 두 사람의 행복으로 돌아와 두 사람의 관계를 더욱 단단히 이어줄 것이다. 이 과정이 때로는 두렵게 느껴질 수 있겠지만 막상 경험해보면 꼭 두렵지만은 않을 것이다. 왜냐면 과정 속에서 피어나는 행복으로 인해 오히려 두려움보다는 더 큰 확신으로 행복함을 만끽할 것이기 때문이다.

15.

나는 인간의 잠재의식의 힘을 믿는다. 인간은 결국 잠재의식에 설치된 가치를 기준으로 현재 의식이 반응하게 되고 그 반응으로 인해 우리는 하루에도 5만 가지 이상의 선택을 이어간다고 한다.

우리가 하루 24시간 동안 5만 가지나 되는 선택을 한다는 이 사실이 여러분은 믿어지는가?

아마도 날 잡고 내가 하루에 몇 가지나 선택하고 있는지 그것들을 파악해보고자 노력한다고 하더라도 이 5만 가지나 되는 선택을 전부 구분해낼 수는 없을 것이다. 왜냐면 말 그대로 우리 무의식에서 선택한 것들이기에 현재 의식에서 그것들을 100% 구분해낼 수 없기 때문이다.

모든 결과는 사소한 선택들이 모여 나타나게 된다. 즉 무의식에 선택하게 되는 5만 가지나 되는 선택들이 모여 나의 꿈이 현실이 되고 이렇게 내 생각이 현실이 되는 과정을 가리켜 우리는 흔히 끌어당김의 법칙이라고 표현한다.

그리고 이 끌어당김의 법칙이야말로 잠재의식의 힘을 절실히 보여주는 고유명사인 것 같다. 워낙 유명하면서도 잘 알려진 법칙이기 때문에 아마도 여러분이 지금 당장 유튜브에 끌어당김의 법칙이라고 검색만 해보아도 관련 영상이 줄줄 나올 것이다.

하지만 대부분의 유튜버가 말하는 끌어당김의 법칙은 '부자'에 초점이 맞춰져 있다. 마치 끌어당김의 법칙이 부자가 되는 유일한 비법이라도 되는 것 같이 그렇게 전하고 있다.

하지만 이 끌어당김의 법칙은 단순히 부자가 되기 위한 방법론이 아니다. 오히려 끌어당김의 법칙은 우리 인생의 모든 영역 가운데 행해지는 절대적인 진리이자 법칙이라고 할 수 있다.

예를 들어서 지금까지 나는 계속해서 여러분에게 강조하며 말했다. 나는 10대 학창 시절에 꿈꿨던 그 이상적인 연애의 모습, 행복한 가정의 모습을 절대로 버릴 수 없었다고 말이다. 그래서 나의 20대는 계속 고민하는 과정 속에서 남녀 관계를 이어가게 되었다.

내가 바라고 원하는 그 이상적인 관계를 나의 눈앞에 가져오려면 어떻게 해야 할까?

나는 어린 시절부터 '행복한 가정'이라는 이상적 관계가 절대적인 가치가 되어 잠재의식 안에 심어진 상태가 되었다. 그리고 그렇게 심어진 이 절대적인 가치에 따라 나의 현재 의식은 반응했을 것이다. 하루 24시간 동안 선택하게 되는 5만 가지의 선택지들 가운데 내가 행복한 가정을 꾸리기 위한 선택들을 무의식에 이어갔을 것이고 그렇게 20대의 과정을 거쳐 지금 30대의 시기가 되니 어느 순간 내가 그리던 이상적인 가정의 모습이 이루어져 있었다.

그렇게 나는, 나의 5차원의 존재가 내게 주었던 그 메시지(지난 과정)를 토대로 지금까지 여러분에게 메시지를 전하고 있었다. 그리고 나는 이 메시지가 분명 더 많은 사람들의 관계를 변화시킬 수 있을 것이라 확신한다.

하지만 분명한 건 지금까지 전한 메시지만으로는 극적인 변화는 어려울 수 있다는 것이다. 조금씩 변화되어 갈 순 있겠지만 아마도 즉시, 180도로 바뀌는 그런 극적인 변화는 어려울 수 있다. 따라서 나는 여러분에게 한 가지를 더 제안하고자 한다. 그리고 이 제안을 받아들이는 속도에 비례해 여러분의 변화는 더욱 빨라질 것이라 확신한다.

나는 앞서 '5차원 연애'에 대한 메시지를 전하면서 여러분에게 꼭 한 가지를 선행해달라고 당부했다. 바로 여러분이 그리는 '행복한 가정, 행복한 관계, 행복한 연애'의 모습을 구체적으로 그려보라는 것이었다. 이미지의 형태여도 좋고 어떤 공간 안에 있는 모습을 상상해도 좋고, 구체적인 상황을 그려봐도 좋다고 전했다.

그리고 여러분이 만약 이것을 선행했다면 여러분의 잠재의식엔 이미 내가 가장 바라고 원하는 가장 행복한 관계의 모습이 각인되었을 것이다. 그리고 이것은 나의 5차원의 세계에 점 하나를 찍는 것과 같은 이치이다. 그리고 5차원 세계에 찍힌 그 점을 토대로 각 차원에 존재하는 여러분의 영혼은 반응하기 시작했을 것이다.

예를 들어 여러분이 이미지로 떠올린 그 행복한 관계의 모습은 면의 세계로 구성된 2차원 세계로 각인된다. 그리고 그렇게 각인된 모습이 나의 영혼과 반응하게 되면서 각 차원에 또다시 전해진다. 나의 영혼이 매개체가 되어 각 차원에 이 행복한 관계의 모습을 전하는 것이다. 그리고 그렇게 단순히 이미지로 떠올렸던 나의 행복한 관계의 모습은 3차원으로 전해지길 구체적인 공간이 되어 나의 영혼에 각인되고, 그렇게 또 4차원으로 그 모습이 전해지면서 또다시 구체적인 상황과 시나리오의 모습으로 영혼에 각인된다.

그렇게 각 차원이 이 이미지 한 장에 반응하게 되면서 나의 행복한 관계의 모습은 더욱 구체화되어 간다.

그리고 이렇게 구체화된 행복한 관계의 모습은 또다시 나의 잠재의식에 구체적으로 각인되면서 나의 현재 의식에 영향력을 행사하게 되고 그렇게 하루 24시간 동안 선택하게 되는 5만 가지 선택지들 중에서 내가 행복한 가정을 이룰 수 있을 만한 선택들을 무의식적으로 고르게 된다.

이 모습이 더욱 구체화되어 갈수록 5만 가지나 되는 선택들 중 행복한 가정을 위한 선택들이 비중을 높여가게 될 것이다.

이렇듯 여러분이 만약 앞선 미션을 선행했다면 이미 여러분 잠재의식 안엔 여러분만의 행복한 가정의 모습이 각인되었을 것이다. 그리고 여러분의 잠재의식은 그 모습이 각인된 순간부터 그것을 달성하기 위해 작동하기 시작했을 것이다.

바로 여러분의 현재 의식에 행복한 가정이라는 필터를 씌운 것이다. 그리고 그 필터에 의거하여 여러분은 하루 24시간 동안 선택하는 5만 가지의 선택들 중 대부분을 '행복한 가정, 행복한 관계, 행복한 연애'를 이룰 만한 선택들로 채워가고 있었을 것이다.

그리고 그로 인해 여러분의 삶은 점점 변화되기 시작했을 것이다. 이는 분명한 사실이다. (앞선 미션을 선행했다면 말이다.)

그러나 앞서 말한 것처럼 단순히 이 과정만으로는 여러분의 삶이 180도로 변화되는 극적인 변화는 없을 수 있다. 왜냐면 지금 당장 '실행'할 수 있을 만한 무언가를 아직까지 제안하지 않았기 때문이다.

그래서 나는 이번 장에서 여러분에게 한 가지를 제안하고 싶다. 여러분이 이 제안을 즉시 여러분의 관계 안에 대입하여 적용하였을 때 여러분의 관계는 극적인 변화를 맞이하게 될 것이다. 왜냐면 이 제안을 즉시 수용할 만큼 이미 여러분의 잠재의식은 활성화되어 있기 때문이다.

그리고 내가 여러분에게 제안할 한 가지는 바로 다음과 같다.

'24시간 안에 화해하기'

앞서 나는 나의 사례를 전하면서 이 '24시간 안에 화해하기'라는 규칙을 예시로 들었다. 내가 실제로 정한 규칙이기도 하고 나와 나의 배우자를 더 행복한 관계, 행복한 가정의 방향으로 이끌었던 규칙이기도 하다.

그렇게 우리 부부에게 영향력 짙었던 규칙임에도 이 규칙은 꼭 나와 나의 배우자만이 할 수 있는 특별한 규칙은 아니었다. 오히려 어떤 관계든 마음만 먹는다면 즉시 실행할 수 있는 아주 작고도 사소한 규칙이다.

우선 이 '24시간 안에 화해하기'라는 규칙에 대해 조금 더 자세히 말해보겠다.

앞선 챕터에서 이야기했듯이 인간은 나약하다. 감정에 쉽게 흔들리며 심지어 그렇게 흔들리는 중간에도 스스로는 이성적인 판단을 하고 있다고 믿는 존재가 바로 인간이다. 그렇기에 화가 나는 순간에 감정을 통제하여 이성적으로 판단할 수 있는 것은 말도 안 되는 이야기라는 것이다.

(실제 연애를 이어오면서 단 1번이라도 다툰 경험이 있다면 곧바로 이해할 것이다.)

여러분도 생각해보길 바란다. 감정에 휩싸여서 상대에게 상처 주는 말을 내뱉고 뒤돌아 곧바로 후회한 경험이 분명 1번쯤 있을 것이다. 바로 그것이 '인간은 나약하다.'라는 주장의 실체인지 모르겠다.

게다가 그렇게 다툼이 종료된 이후에 연락하지 않는 시점에서 슬슬 자존심이 발동되기 시작한다. 그리고 이 자존심의 크기는 시간과 비례해서 커지기에 점점 시간이 소요될수록 자존심을 내려놓기가 상당히 힘들어진다.

그렇기에 이 '24시간 안에 화해하기'라는 규칙이 여러분에게 줄 수 있는 가치는 2가지이다. 첫 번째, 다툼에 있어 감정싸움으로 번질 수 있음을 인정하는 것이다. 왜냐면 인간은 나약하기에 상대 역시 완벽할 것이란 환상을 버리는 것이다. 오히려 그렇게 나약한 두 남녀이기에 서로 간의 규칙을 정하고 이것을 두 사람이 함께 지켜갈 때 더 완전해질 수 있음을 기억하자. 그것이 완성형 연애이자 '5차원 연애'로 가는 길임을 분명히 기억하길 바란다.

두 번째, 감정싸움으로 번진 후 '자존심' 때문에 상황이 더 커져 버리는 것을 사전 예방할 수 있다. 게다가 24시간 안에 화해함으로써 서로가 더 힘든 상황에 놓이는 시간을 대폭 줄일 수 있을 것이다.

주변을 둘러보면 단순했던 말다툼이 자존심 싸움으로 번져 일주일간 연락도 하지 않은 채 서로 속만 태워 가는 커플이 상당히 많다. 그렇기에 이 '24시간 안에 화해하기'라는 규칙은 애초에 이러한 자존심 싸움을 사전 예방함으로써 여러분의 관계를 더 행복한 방향으로 이끌어줄 수 있을 것이다.

그리고 가장 궁극적으로는 아무리 감정싸움으로 번져 크게 싸웠다고 하더라도 관계 안의 규칙인 이 '24시간 안에 화해하기'라는 규칙을 매번 꾸준히 지켜가는 상대의 모습을 보면서 서로 믿음의 크기를 더욱 키워갈 수도 있을 것이다.

그리고 관계 안에서 믿음의 크기가 커질 때 두 사람의 관계는 누구도 침공할 수 없는 난공불락의 요새가 될 것이다. 그리고 그렇게 관계를 더욱 튼튼히 지켜갈 수 있을 것이다.

나의 이 제안 한 가지를 꾸준히 지켜갈지 말지 선택하는 건 오로지 독자 여러분의 몫일 것이다. 그리고 어쩌면 이 제안의 가치를 평가하는 것 역시 여러분의 판단일 것이다.

그러나 한 가지 분명하게 전하고 싶다. 단순하게 보자면 '24시간 안에 화해하기'라는 규칙을 수용하여 지금 내가 만나는 상대방에게 이 규칙을 함께 지켜가 보자며 대화를 나눠보는, 아주 사소한 행동일 수 있겠다.

그러나 이것을 여러분이 직접 실행했을 때의 효과는 그렇지 않을 때 대비 극과 극으로 차이가 날 것이라는 것을 여러분에게 전하고 싶다.

예를 들어 단순히 여러분이 이 규칙을 받아들이고 상대에게 전하며 이것을 함께 나누어보는 행동은 1차적으로 보자면 그저 '이것을 해보자'며 상대방과 대화를 나누는 행동일 수 있다.

하지만 2차적으로 더 깊이 생각해보면 여러분은 이 규칙을 받아들여 실행한 순간부터 '5차원의 세계'에 새로운 가능성의 점 하나를 찍게 된 것과 같은 효과를 보게 된다.

왜냐면 이것을 받아들이고 실행하고자 했던 내 선택의 이면을 들여다보면 스스로 '변화'하고 싶다는 강렬한 의지가 담겨 있는 행동이기 때문이다.

즉 여러분이 직접 행동으로 옮긴 시점에서 여러분은 이미 변화를 위해 적극적인 태도로 나서겠다는 각오를 다진 것과 같은 이치라는 것이다.

게다가 이 각오는 변화에 대한 강렬한 감정이 행동으로 나타난 것인 만큼 여러분의 '5차원의 세계'에 여러분이 꿈꾸는 행복한 관계의 모습이라는 점 하나를 확실하게 찍게 되었을 것이다.

그리고 그것을 시작으로 여러분의 관계는 변화되기 시작했을 것이고, 이 모든 건 변화를 위한 나비효과라는 것을 반드시 기억해주길 바란다.

지금 이 순간 여러분에게 찾아올 변화를 여러분은 믿고 받아들일 수 있는가?

여러분이 '믿음'으로 변화를 받아들일 수 있을 때 5차원의 존재는 반응할 것이다. 그로 인해 여러분이 추구하는 이상적인 관계의 모습을 완성하여 반드시 '5차원 연애'의 문을 열길 바란다.

16.

앞서 '감정이 건강한 상대를 만나야 하는 이유'에 대해 메시지를 전했다. 그리고 그것에 이어 이번에는 '연애하면 안 되는 사람'이라는 주제로 여러분에게 메시지를 전하고자 한다.

연애하면 안 되는 사람, 일단 이 문장 자체만 놓고 보았을 때 여러분은 내가 전하고자 하는 메시지를 오해할 수 있을 것 같다. 그래서 우선 메시지를 전하기에 앞서 여러분에게 한 가지는 분명히 전하고 싶다.

내가 연애하면 안 되는 사람이라고 말한 이면에는 반드시 여러분이 더 행복한 관계를 이어 나가길 바라는 마음이 담겨 있다는 사실을 믿어주었으면 좋겠다.

그렇기에 연애하면 안 되는 사람이라는 나의 메시지는 '평생 연애하지 말고 혼자 살아라.'라는 이딴 막말을 하고자 함이 아님을 분명히 알아주었으면 좋겠다.

오히려 연애하면 안 되는 사람이란 지금 당장 연애하기보다는 '혼자만의 시간을 갖고 나의 감정을 더욱 건강하게 순환시킬 수 있을 방법을 찾아보아라.'라는 의미로 이해해주면 훨씬 더 받아들이기 편할 수 있겠다.

우선 메시지를 전하기에 앞서 내가 이렇게 남자와 여자의 관계, 소통 전문가로 활동을 이어가기 전부터 이와 같은 '연애하면 안 되는 사람'의 유형을 수없이 볼 수 있었다.

예를 들면 이런 것이다. 바로 '연애 중독'에 걸린 유형이다.

조금 더 쉽게 풀어서 남자친구 또는 여자친구 없이 못 사는 유형이고 대개 이들의 행보를 보면 만나던 사람과 헤어지자마자 또다시 다른 사람을 물색하고 곧바로 다시 새로운 관계를 이어가는 유형이다. 아마도 여러분 주변만 둘러보아도 한두 명쯤은 있을 것이다.

아니 조금 더 직설적으로 말해서 이러한 유형이 지금 이 책을 읽고 있는 여러분 자신일 수도 있다.

나는 이렇게 연애 중독의 늪에서 빠지지 못하는 사람들에게 항상 이렇게 조언했다.

계속해서 똑같은 패턴으로 만남을 이어가는 연애를 지금 당장 멈추라고 말이다!

앞서 결혼하기 전에 최소 5명은 만나보라고 조언했지만 이렇게 연애 중독 형태로 5명, 아니 10명 20명을 만나봤자 그러한 만남의 패턴은 의미 없다.

아니, 솔직히 이 안에서도 분명 깨닫는 점은 있을 것이다. 그러나 그 깨달음의 결은 아마도 점점 '연애 전부 부질없어.'라고 판단할 수밖에 없는 미래를 더욱 구체화시키는 방향밖에 되지 않을 것이다.

그리고 20대 후반에서 30대로 넘어가면서부터 이렇게 '연애 부질없어.' 라고 말하는 남녀의 수는 폭발적으로 증가하게 된다. 이렇게 되는 이유를 일반화시킬 수는 없겠지만 나는 연애 중독 형태로 의미 없는 만남만을 이어가는 패턴이 이러한 현실을 만들었다고 생각한다.

다시 돌아와서 이렇게 연애 중독의 늪에서 허우적대는 유형을 가리켜 '연애하면 안 되는 사람'이라고 표현한 이유는 딱 한 가지다.

앞서 우리는 어릴 적 가정환경으로부터 이어온 결핍을 중심으로 '이끌림'을 느끼게 된다고 했다. 그리고 이 이끌림에 더해 '성'적으로도 충분히 어필되는 상황이라면?

두 남녀 관계는 썸으로 이어질 충분한 가능성을 가진 것으로 판단해도 좋을 것이다. 그리고 그렇게 연애로 이어지게 된다.

그런데 문제는 바로 여기서부터 발생한다. 연애를 시작하면서 잠시나마 그 사람으로 인해 나의 결핍된 부분을 채울 수 있게 되었다. 그러니까 연애를 시작하면서 문득 '영혼의 편안함'을 얻은 상태가 되었고 그로 인해 완전함을 찾은 것 같은 감정을 느끼게 된 것이다.

그런데 사실 이 감정은 착각이다. 앞서 감정이란 상대방이 나에게 주는 무언가가 아니라 그저 내 안에 존재하는 것이라고 설명했다. 즉 결핍

된 의식도 완전하게 채워진 감정도 상대방이 내게 준 감정이 아니라 그저 내 안에서 존재하는 감정일 뿐이라는 것이다.

그런데 문제는 여기에 있다. 연애 중독에 빠진 사람은 누군가를 만남으로 인해 자신의 결핍이 채워진 것과 같은 느낌을 받게 된다는 것이다.

만약 이렇게 임시로 채워진 감정을 시작으로 더 나아가 자기 스스로 자립하고자 생각 회로가 작동되었다면, 그러니까 나 스스로 자존감을 채우고자 그렇게 생각 회로가 작동되었다면 이는 분명 더 긍정적인 모습으로 나아가고 있는 형태가 될 것이다.

하지만 연애 중독에 걸려 계속 반복되는 연애를 되풀이하는 사람들은 이렇게 긍정적인 모습으로 나아가지 못한 채 그대로 주저앉아 버린다.

무슨 말이냐면 내 안에 있던 결핍을 상대방으로 인해 채우게 되고 그로 인해 상대방과 함께 있을 때 비로소 자신의 모습을 찾아가면서 일시적으로 자존감을 채울 수 있게 된다. 하지만 그런 상대방이 내게서 사라지면 그렇게 채워진 자존감은 바닥나게 되고 또다시 결핍 의식이 내 안에서 스멀스멀 자라나는 것이다.

상대방을 만나면서 한번 완성형이 되었던 '나'라는 존재는 다시 결핍 의식이 내 안에서 자라나는 이 상황을 인정하지 못하는 상태가 된다. 그래서 상대를 더 내 안으로 잡아두려고 구속하게 된다. 그리고 상대는 계속되는 구속으로 인해 점점 지쳐간다. 그리고 어느 순간 도저히 이 관계를 지속할 수 없겠다고 판단하면서 그렇게 '나'를 떠나가게 된다.

그렇게 갑작스레? (아마 상대 입장에서는 분명 갑자기는 아니었을 것이다. 그러나 내 입장에서는 갑작스럽다고 생각할 수 있다.) 맞이하게 된 이별로 인해 또다시 내 안에서는 결핍 의식으로 가득 채워진 나 자신과 마주하게 된다.

자존감이 바닥 친 나 자신을 보는 것으로 인해 이 세상에 나 혼자 덩그러니 놓인 것과 같은 공포감으로 무너지게 된다. 그리고 곧바로 다시 재회를 희망한다.

하지만 상대는 이미 마음이 정리된 상태다. 그렇게 재회는 뜻대로 이루어지지 않고 주변에서는 점점 이러한 조언으로 나를 위로하기 시작한다.

"사람은 사람으로 잊는 거야."

그렇게 나 스스로를 돌볼 시간도 없이 소개팅을 이어가거나 낯선 사람과의 만남을 통해 또다시 남자친구 또는 여자친구라는 존재를 찾기 시작한다.

이때부터 대충 '함께 다니기 창피하지만 않을 선이라면 어느 정도 괜찮다'는 기준으로 스스로 타협하고 그렇게 또다시 누군가를 찾게 되면서 또 똑같은 연애를 이어간다.

그리고 또 똑같은 패턴으로 이별을 맞이하게 된다. 그리고 또다시 누군가를 찾으면서 또 똑같은 연애를 반복하게 된다.

이것이 연애 중독에 빠진 사람의 전형적인 패턴이다. 그리고 이러한 패턴 속에서 '연애'라는 가치는 점점 상실된다. 아니 조금 더 본질적으로 보자면 남자와 여자의 관계 자체가 점점 가치를 잃어가게 되는 것이다.

그래서 결혼 적령기로 가는 남녀 중 일부는 이런 말을 하기도 한다.

"결혼은 그냥 똑같이 연애 이어가다가 대충 결혼 적령기가 되었을 때 내 옆에 있는 사람이랑 하면 되는 거야."

나는 이런 말에 절대 동의할 수 없으며 솔직히 이런 말에 대꾸하고 싶지 않다. 이런 생각으로 결혼하면서 나의 결혼 생활이 행복할 것이라고 믿는 것 자체가 모순 아닐까?

대충한 결혼이기에 그 현실은 분명 '지옥'이 될 수밖에 없다.

사실 나의 아내도 20대 중반까지 이러한 연애 중독의 패턴을 반복했다고 한다. 학창 시절부터 이어온 연애가 쉬지 않고 이어져 20대 중반까지 오게 된 것이었다.

아내는 그 당시를 회상해보면 남자친구는 그냥 옆에 있어야 하는 존재 정도라고 생각했다고 한다. 그렇기에 관계에 적극적이지 못했다고 하고 마음에 들지 않으면 그냥 헤어지는 연애를 반복했다고 한다.

게다가 20살 초반에 사귀었던 남자친구는 지속적으로 바람을 피우면서 당시 아내에게 큰 상처를 주었다고 하는데 그러한 연애의 패턴으로 인해 아내에게 남자친구라는 존재는 그냥 필요에 의해서, 옆에 없으면 허전하니까 만나는 그런 존재밖에 되지 않았다고 한다.

그러다 20대 중반에 싱가포르로 유학을 떠나게 되고 그 시기에 코로나라는 악재까지 겹치면서 원래 계획보다 더 오랜 기간 해외에서 생활했다고 한다. 그리고 당시 아내는 해외 생활에 적응하고자 영어 실력 향상에 몰입했고 그로 인해 자연스레 약 3년 정도 남자친구 없이 지냈다고 한다.

처음으로 그렇게 장기간 연애하지 않으면서 아내는 점점 혼자 있는 법을 터득하게 되었다고 했다. 혼자 생각하는 시간도 갖게 되었고 내가 어떤 만남을 하고 싶은지에 대해 더 구체적으로 생각하게 되었다고 한다. 특히 약 3년 정도 장기간 연애하지 않으면서 아내는 더더욱 생각했다고 한다.

"나의 이 3년의 공백기가 더 빛날 수 있도록 다음 만남은 반드시 나를 더 잘 이해해주는 사람과 연애할 거야. 그리고 그렇게 행복한 관계를 이어가면서 나는 결혼할 것이고 그렇게 함께 행복한 가정을 만들 수 있는 사람과 더 예쁜 연애를 할 거야."라고 생각했다고 한다.

그리고 그렇게 3년이라는 시간이 지나갈 무렵 나를 만나게 되었고 우리는 그렇게 운명처럼 첫눈에 서로를 알아보았다. 그리고 우리 관계는 빠르게 깊어져 갔고 어느덧 각자가 그리던 행복한 가정을 함께 만들어가는 사이가 되었다.

(신기한 건 그 시기에 나 역시 다음 만나는 상대는 분명 결혼하게 될 것 같다는 직감이 불어왔었다. 그리고 아내를 이태원에서 처음 본 그 순간 나는 이 여자와 결혼하게 될 것 같다는 직감이 강하게 불어왔었다. 그리

고 실제로 우리는 결혼하여 행복한 가정을 함께 꾸리게 되었다.)

나의 아내와 이런 이야기를 주고받으면서 문득 깨닫게 된 몇 가지가 있다.

첫 번째, 만약 아내가 이전과 같은 만남의 패턴을 계속해서 이어가고 있었다면? 우리는 만나지 못했을 것이다. 왜냐면 내가 군대를 전역한 이후 앞으로 다시는 이런 사람과 연애하지 말자라고 생각했던 이성의 모습이 아내의 이전 모습과 닮아 있었기 때문이다.

또 마찬가지로 20대의 내가 플라토닉 러브를 위한 선택을 하고 나의 행복한 가정을 위해 기꺼이 시행착오를 각오하겠다고 다짐했던 그 순간이 없었다면 나는 지금의 아내와 만나지 못했을 것이다. 왜냐면 그전까지 내 모습은 지금의 아내가 나를 존경할만한 구석이 하나도 없었기 때문이다.

우스갯소리지만 이 대화를 나누면서 우리가 만약 5년만 더 빨리 만났다면 우리는 서로를 싫어했을 수도 있다고 말하며 술잔을 기울이기도 했다.

이처럼 연애하지 않으면 나의 모습이 사라져버릴 것 같은 결핍으로 계속해서 쉼 없이 만남을 이어가고 있는 경우라면 반드시 쉼을 가지라고 조언하고 싶다.

최소한 6개월 정도라도 나 혼자 스스로 일어설 수 있는 법을 터득한 채 다음 연애를 이어가 보라고 조언하고 싶다. 그 6개월의 기간이 아마도 앞으로의 60년이라는 시간 동안 여러분의 관계를 더 행복한 방향으로 이끌어 줄 테니 말이다.

앞서 연애 시스템을 완성하는 방법 중 하나로 항상 만남의 끝에서 이전 만남을 되돌아보고 나 스스로를 점검해보라고 말했다. 그리고 그를 통해 나의 연애 시스템을 이전 만남보다 더 업그레이드할 수 있도록 개선하는 것까지가 관계의 마지막 순간이라고 메시지를 전했다.

완전한 끝이 있어야 비로소 완전히 새로운 시작도 있을 수 있다는 사실을 꼭 기억했으면 한다.

똑같이 반복되는 연애, 필요에 의해서 만나는 관계의 끈을 반드시 끊어버리길 바란다.

그 늪에서 빠져나와 자신을 돌아보고 꼭 완전한 끝을 맞이한 이후에 새로이 떠오르는 시작의 빛을 만끽하길 바란다.

그것이 여러분의 관계가 더 행복한 방향으로 나아가는 길일 테니 말이다.

17.

남녀 관계에
가능성을
싹틔우는 방법

'가능성', 모든 변화는 결국 '가능성을 싹틔울 수 있는가, 없는가'로 나뉘는 것 같다. 아무리 불가능해 보이더라도 조그마한 가능성의 실마리를 얻을 수 있다면, 그 실마리는 나비효과가 되어 내 인생을 송두리째 변화시킬 것이다.

'5차원 연애'는 여러분에게 이러한 가능성을 전해주고 싶었다.

그리고 이번 챕터에서는 궁극적으로 여러분과 이 한 가지 질문을 함께 나누고 싶다.

"가능성은 대체 어떻게 얻을 수 있을까?"

단순히 지식을 많이 얻게 되면 얻을 수 있을까?

그것도 아니라면 그 길을 이미 걸어본 누군가가 인도해주어야만 하는 것일까?

그것도 아니라면 도대체 변화의 실마리, 가능성이라는 것은 어디서 어떻게 얻을 수 있는 걸까?

　답은 간단하다. 모든 가능성은 여러분 자신 안에 있다.

　이 책에서는 계속해서 '차원의 세계'를 언급하며 여러분에게 메시지를 전했다. 이를 다시 한번 복습해보면 1차원의 세계는 선으로 이어진 세계, 2차원의 세계는 면으로 이어진 세계, 3차원의 세계는 공간의 세계이며 4차원의 세계는 3차원의 공간이 시간이라는 선의 세계와 더해졌을 때의 세계였다. 그리고 5차원의 세계.

　5차원의 세계를 한 단어로 정의해본다면 '가능성'이라는 단어에 가까울 것이다. 그리고 그냥 가능성도 아닌 무한한 가능성 자체이다.

　따라서 가능성을 구체화시켜 내 현실로 끌어당기는 구체적인 방법은, 5차원의 세계에 나의 목표를 각인시켜 점 하나를 찍어두면 된다.

　그렇게 되면 나의 지금과 내가 찍어놓은 점, 그러니까 내가 꿈꾸는 이상적인 모습에 도달할 수 있는 길이 생겨난다. 그리고 우리는 그 길을 걷기만 하면 된다.

　내가 도달하고 싶은 목표에 점 하나를 찍고 단순히 그것을 실행하기만 하면 내가 꿈꾸는 이상적인 현실은 곧 나의 현재가 되어 눈앞에 실현될 것이다.

　그리고 각 차원은 '나'라는 존재, 나의 영혼과 긴밀하게 연결되어 있다. 다시 말해 현실을 자각하고 있는 '나'는 3차원의 세계에 살아가고 있지만 내 안에 담겨 있는 '영혼'이라는 매개체는 3차원의 세계를 넘어 4차원, 5차원의 세계와도 긴밀하게 연결되어 있다. 그리고 마찬가지로 2차원, 1차원의 세계와도 연결되어 있다.

즉 우리는 영혼이라는 매개체를 통해 각 차원의 세계와 소통할 수 있다는 것이고, 그렇게 5차원 세계에 존재하는 '무한한 가능성'의 정보 또한 받아들일 수 있다는 것이다.

그렇기에 '무한한 가능성'은 내 안에 존재하는 것이며 내가 가능하다고 믿고 움직일 때 그것은 분명 나의 현실이 된다는 것이다.

예를 들어서 내 안에서 '나는 100억 자산가다.'라고 생각하고 가능성을 믿으며 나아갈 때 3차원의 세계는 그 믿음에 반응한다. 그리고 그에 생각에 반응한 나의 현실은 진짜 내가 100억 자산가가 되는 길을 걷게 된다.

왜냐면 나 스스로 100억 자산가라고 생각하고 그것을 믿기로 한 순간부터 5차원의 세계에 점 하나를 찍게 된 것이고, 무한한 가능성의 정보들이 존재하는 5차원의 세계는 내가 믿기로 한 그 모습을 실현시켜 줄 수 있을 모든 가능성을 또다시 내게 전하기 때문이다. 그리고 3차원의 세계에 우리는 '직감'이라는 감각을 통해 5차원의 데이터를 받아들이게 되고 그것들을 하나씩 실행해가면서 실제로 100억 자산가가 된 나의 모습과 마주할 수 있게 되는 것이다.

이 법칙은 이미 끌어당김의 법칙이라는 것으로 많이 알려져 있으며 실제 성공학에서는 꽤 오래전부터 전해지는 절대적인 법칙이다.

그렇기에 모든 가능성은 여러분 자신 안에 있다는 것이다.

그리고 이 책에서는 '5차원 연애'라는 가치를 여러분에게 전하고 있다. 따라서 나는 지금 여러분의 5차원에 점 하나를 찍을 수 있을 질문 한 가지를 여러분에게 제시하고자 한다.

이 질문에 스스로 답을 내려 이것이 여러분의 현실로 다가올 것이라는 사실을 믿기로 할 때 여러분의 5차원의 세계는 반응할 것이다.

"당신이 행복하길 바라는 당신의 5차원의 존재가 친히 그 길로 당신을 인도할 것이다."

궁극적으로 바라는 행복한 가정의 모습은 무엇인가?

이 질문의 답을 단순한 이미지로 생각해도 좋고, 구체적인 상황으로 그려도 좋다.

앞서 말했듯이 우리의 영혼은 모든 차원의 세계와 긴밀하게 연결되어 있기에 여러분이 만약 이미지로 행복한 가정의 모습을 떠올렸다면, 그것은 분명 2차원의 세계인 면의 세계로 저장될 것이고 그에 반응한 기타 다른 차원의 세계는 각 차원에 맞는 형태로 이를 다시 해석해내어 여러분의 가능성을 높여갈 것이다.

그로 인해 여러분의 잠재의식에서는 내가 떠올린 그 이미지를 실현할 수 있을 상황이 직감적으로 떠오를 수도 있고 구체적인 상황과 함께 전개되는(마치 동영상의) 모습이 떠오를 수도 있으며 이 직감에 반응한 사람과 인연이 닿을 수도 있다.

이렇게 내가 떠올린 이미지의 모습은 각 차원의 형태에 맞는 모습으로 변환되어 나의 영혼에 저장되고 이러한 데이터가 점점 많아질수록 내가 꿈꾸던 그 행복한 가정의 모습을 눈앞에 실현시킬 가능성 또한 점점 커지게 될 것이다.

이 모든 것은 여러분이 꿈꾸는 행복한 가정이라는 목표 하나를 구체적으로 떠올리면 되는 아주 간단한 일이다. 이 간단한 생각이 분명 여러분의 현실이 될 것이라 믿고 그것이 이루어졌을 때의 감정을 지금, 이 순간 생생하게 느껴보길 바란다. 내가 느낀 감정은 그 자체로 나의 잠재의식에 강렬한 자극을 주어 나의 5차원에 각인된다. 그리고 곧 그것이 나의 현실을 변화시키기 시작할 것이다.

실제로 우리의 뇌는 내가 상상하는 모습이 실제로 일어나는 일인지 아니면 그저 생각일 뿐인지 구분하지 않는다고 한다.

뇌의 역할은 그것을 토대로 그저 반응하면 되는 것이기에 여러분이 떠올리는 행복한 관계의 모습을 그저 상상하는 것만으로 뇌는 이미 그러한 현실이 이루어진 것처럼 반응한다는 것이다. 그리고 이렇게 반응한 감각이 나의 영혼에 각인되고 그것이 각 차원에 맞는 형태로 다시 변환되면서 그것은 분명 여러분의 현실이 될 것이다.

자 그럼 이 질문에 여러분 스스로 다시 한번 답해보았으면 좋겠다.

여러분이 바라는 행복한 가정, 행복한 관계, 행복한 연애의 모습은 어떠한 모습인가?

구체적으로 그려보고 상상하며 이미 그 행복한 가정 안에 있는 여러분의 모습을 실시간으로 느껴보길 바란다.

거기서부터 모든 가능성은 시작될 테니 말이다.

18.

상위 1% 공부법으로 잘 알려진 '메타인지'라는 단어가 있다. 메타인지는 내가 아는 것과 모르는 것을 객관적으로 판단하는 상위 인지 능력을 가리키는 단어다. 하여 내가 모르는 것에 더 몰입하여 효율을 높일 수 있는 공부법이 바로 상위 1% 공부법이다. 그리고 이 메타인지는 공부법 외에 이 '5차원 연애'를 완성하기 위해서도 반드시 필요한 인지 능력이기도 하다.

사실 연애 시스템이라고 하는 것은 행복한 관계를 이끌어냄에 있어 이 메타인지의 효율을 극대화하는 방법으로 시작되었다.

앞선 챕터에서 다뤘듯이 주변을 둘러보면 연애 중독의 패턴에 빠진 사람이 생각보다 많다. 남자와 여자를 불문하고 말이다. 그리고 그들이 만나는 패턴을 잘 살펴보면 대부분 스스로의 이상형이 어떠한 모습을 그리고 있는지도 모르는 경우가 대부분이다.

내가 어떤 사람을 만나고 싶은지도 모른 채 만남을 이어가는 것은 그저 습관처럼 사람을 만난다는 것을 증명하는 모습일 것이다.

강조하는데 행복한 가정을 꾸리기 위해서는 반드시 내가 어떤 상대를 만나서 어떠한 모습으로 관계를 이어가고 싶은지 그에 대한 이상형 리스트가 반드시 있어야 한다.

그리고 자신의 이상형에 대해 약 10~13가지 정도로 요약하여 적어보고 그것을 매일 읽어가며 나의 뇌에 각인시키는 것부터가 '연애 시스템'을 만드는 첫 단계이다.

생각해보아라. 행복한 가정을 꾸리고 싶다면서 도대체 그 행복한 가정의 모습이 어떠한 형태인지도 모른 채 꿈만 꾼다면, 내가 꿈꾸는 행복한 가정의 가능성을 온전히 운에 맡기는 형태밖에 되지 않을 것이다.

그리고 20대의 나는 내가 꿈꾸는 이 행복한 가정의 가능성을 운에 맡기고 싶지 않았다.

여러분도 여러분이 바라는 행복한 가정, 행복한 관계, 행복한 연애의 모습을 더욱 구체적으로 그려보길 바란다.

나의 행동이(나의 연애가) 1개의 결과를 위한 과정이 될 때 여러분이 그리는 행복한 가정의 모습은 100% 이루어진다.

그리고 이것이 남녀 관계를 이어감에 있어 메타인지를 높이는 방법 중 첫 번째 방법이다.

그리고 두 번째는 온전히 나의 목표에 몰입하는 과정이다. 이상형 리스트를 기준으로 시행착오를 반복해본다. 그리고 시행착오라 함은 완전한 끝을 토대로 완전히 새로운 시작을 해보는 것이다.

단순히 연애 중독으로 인해 무의미한 만남을 이어가는 것은 연애 시스템에서 가리키는 시행착오의 과정이 아니다. 나의 이상형 리스트에 부합하는 상대를 찾고 그 상대와 연애를 이어가는 것, 그리고 그러한 만남이 결국 마지막 순간에 도달하여 이별을 맞이하고 그 이별의 순간에 다시 한번 이전 만남을 되새겨 보면서 나의 이상형 리스트를 다시 업데이트하는 것이야말로 완전한 끝이 가리키는 진정한 의미일 것이다.

그리고 이렇게 다시 업데이트된 이상형 리스트를 기준으로 다음 만남을 이어가 보고 또 똑같은 과정을 반복해보는 과정에서 여러분의 연애 시스템은 점점 더 업그레이드될 것이다.

그리고 이러한 시행착오를 최소한 5번 정도는 반복한 뒤에서야 비로소 '5차원 연애'를 완성시킬 실마리를 얻을 수 있을 것이다. 그리고 그렇게 완성된 '5차원 연애'를 바탕으로 결혼하여 가정을 꾸렸을 때 분명 내가 꿈꾸던 행복한 가정의 모습을 적극 실현할 수 있을 것이다.

이렇듯 연애 시스템을 업그레이드하는 방향으로 남녀 관계를 대하는 나의 모습을 메타인지해보는 것이다. 그리고 그렇게 삶의 레벨을 점점 더 높여가는 과정이 지속될 때 여러분이 꿈꾸는 행복한 관계의 모습이 여러분 눈앞에 실현될 것이다.

행복한 가정, 행복한 관계, 행복한 연애란 어쩌면 삶의 레벨이 고레벨로 맞춰져 있는 남녀의 만남일지도 모르겠다.

그리고 남녀 언어 차이를 극복한 부부가 생존이라는 공통의 관심사마저 함께 지속적으로 맞춰갈 수 있을 때 그것이 분명 현시대에 맞는 가장 이상적인 행복한 가정의 모습이 될 것이다.

남자의 영웅심리를 관계 안에 초점을 맞춰두고 서로의 언어 차이를 극복하여 '5차원 연애'의 문을 열어라. 그때 비로소 행복한 가정으로 향할 수 있는 출발점에 설 수 있음을 분명히 깨닫길 바란다.

19.

사랑은 더하기가 아닌 빼기이다. 아마도 이 문장을 이해할 수 있다면, 이미 여러분은 성숙한 사랑에 진입한 경우일 것이다.

기버이론, 흔히 자기계발서에서 자주 등장하는 이 용어가 가리키는 의미를 알고 있는가? 자기계발서에서 이 기버이론을 정의하길 '무언가 줄 수 있는 사람이 되자'는 의미로 많이 해석하곤 한다. 그리고 내가 전하고자 하는 메시지 역시 이와 같은 이치임은 분명하다.

하지만 조금 더 본질적으로 전하고 싶은 2가지가 있는데 그 중 첫 번째는 제대로 주라는 것이다. 흔히 우리는 사랑하기 때문에 상대에게 자신의 사랑을 주고자 한다. 그리고 내 생각대로 상대의 리액션을 기대하면서 내 생각만큼 리액션이 나오지 않았을 때 대부분 실망하곤 한다.

자. 이러한 이치를 '부'를 이루는 과정으로 한번 풀어보겠다. 예를 들어

서 여러분이 사업을 한다고 가정해보자. 여러분이 만약 김치찌개 전문점을 창업한다고 가정했을 때, 이렇게 나만의 기준으로 사랑을 주는 행위는 내 입맛대로만 김치찌개를 요리하여 사업하고자 하는 경우와 똑같은 것이다.

김치찌개라고 하더라도 분명 각자 추구하는 맛의 방향이 다를 것이다. 누군가는 조금 더 매운 김치찌개를 선호할 수도 있는 반면에 누군가는 살짝 달짝지근한 김치찌개를 선호할 수도 있다.

또 누군가는 완전히 조리되어서 나온 김치찌개를 선호할 수도 있는 반면에 누군가는 통김치에 통돼지 고기를 넣어 서서히 끓여가는 방식을 선호할 수도 있다.

이렇듯 시장에서 바라는 김치찌개의 맛은 전부 다르다. 그런데 이러한 상황에서 내 입맛대로만 김치찌개를 끓여 장사하게 된다면 결과는 어떻게 될까? 열에 아홉은 망할 것이다.

정말 천운으로 내 입에 맛있다면 이 세상 누구라도 맛있다고 평가할 만큼 그런 절대적인 미각을 타고 태어났다면 이야기는 다를지 모르겠지만 이는 만화에서나 나올 법한 설정이지 현실엔 존재하지 않는다. 왜냐면 앞서 이야기했듯이 사람은 모두 취향이 다르기 때문이다.

그렇다면 이렇게 서로 다른 취향을 가진 사람들 모두를 만족시키려면 어떻게 해야 할까?

정답은 반드시 시장 조사를 해야 한다는 것이다. 쉽게 말해 시장에 대해 공부해야 한다는 것이다.

나보다 먼저 김치찌개 전문점을 창업한 가게에서는 어떠한 방식으로 김치찌개를 끓이는지 먼저 조사해야 할 것이고, 거기서 추구하는 맛은 어떤 맛인지 조사해야 할 것이다. 그리고 그 가게를 평가하는 시장의 시선은 또 어떠한지 조사해야 할 것이다.

그리고 거기서 더 나아가 지금 현존하고 있는 김치찌개 트렌드를 또 파악해야 할 것이다.

사람의 입맛이 서로 다르다고 한들 현재 시장에서 선호하고 있는 맛의 기준은 분명 있을 것이니 말이다.

이러한 분석이 모두 완료된 상태에서야 비로소 방향성이 보일 것이다. 기존 시장과 차별성을 가질 만한 나만의 김치찌개 맛은 무엇인지 말이다. (이 밖에도 더 다양한 성공 법칙이 존재하겠지만 여기까지만 하겠다.)

이렇듯 내가 전하고자 하는 기버이론은 제대로 주라는 것인데 이를 조금 더 자세히 표현해보자면 상대방이 원하는 것을 주라는 것이다. 그러면 앞서 김치찌개 전문점을 창업하는 경우로 봤듯이 가장 먼저 선행되어야 할 것은 시장 조사다.

이것을 다시 남녀 관계로 대입해보면 먼저 상대방에 대해 알아야 한다는 것이다. 첫 만남부터 사람 대 사람으로 저 사람을 판단할 수는 없더라도 상대 성별에 대해 먼저 이해할 수 있다면 상대의 마음에 더 쉽게 공감할 수 있을 것이다.

그리고 남녀 관계 안에 상대를 이해하고자 하는 공감대가 형성될수록 두 사람의 관계는 더욱 단단해질 것이다. 상대의 마음에 먼저 공감한 이후에 상대방이 원하는 것을 제대로 주도록 하자. 그것이 성숙한 사랑이고 사랑은 더하기가 아닌 빼기라는 문장이 가리키는 진짜 의미이다.

예를 들어 남자의 본능은 칭찬받고 싶기에 자신의 능력을 계속해서 어필하고 싶겠지만 오히려 여자가 원하는 것은 내 이야기를 그저 들어주고 공감해주는 것이다.

하여 여자가 자신의 문제를 이야기할 때 내 능력을 어필하고자 하는 생각은 먼저 내려놓자. 그리고 오히려 여자의 말에 더 귀 기울이며 공감의 표현 정도로 대화를 이끌어 가보자.

또 여자도 남자가 길을 헤매거나 자꾸 엉뚱한 길로 들어서려고 하는 순간에 그저 묵묵히 믿어줘 보자. 남자 스스로도 어떻게든 이 문제를 해결하고자 움직일 텐데 만약 여기서 여자가 조언하려고 하거나 스스로 이 문제를 해결하여 남자를 돕고자 한다면 남자는 좌절한다. (정말 도와야 할 것만 같은 상황이라면 남자 스스로 그 문제를 더 잘 해결할 수 있도록 힌트 정도 주어보자.)

이것은 그저 본능 차이기 때문에 '나라면 이렇게 해주면 좋은데?'라는 기준으로 상대방을 대하지 말자는 것이다. 그래서 무언가를 줄지를 고민하는 사랑(더하기 사랑)이 아니라 상대방을 위해 내려놓아야 하는 나의 행동은 무엇인지 더 고민해보자. 그것이 보다 더 성숙한 사랑이자 남녀 관계 안에서의 '기버'가 되는 유일한 길이다.

두 번째로 전하고자 하는 것은 '5차원 연애'를 완성할 수 있는 기버가 되자는 것이다. 예를 들어 '나를' 너무나도 사랑하는 '나'라는 존재가 계속 해서 나의 길을 주관하고 있다고 전했다. 그리고 그 존재는 무한한 가능성의 세계(5차원 세계)에 존재하는 자다.

이렇게 나의 고차원의 존재가 나의 길을 주관하고 있듯이 여러분의 5차원의 존재 역시 여러분의 길을 주관하고 있다. 그리고 이 5차원의 존재는 나의 영혼과 긴밀하게 연결되어 있기에 매 순간 현실에 존재하는 '나'와 지속적으로 소통하고 있다. 그리고 이 소통의 매개체는 다름 아닌 '감정'이다.

살아 있는 생명체 모두는 영혼을 갖고 있고, 전부 '나' 자신을 주관하고 있는 5차원의 존재와 영혼이라는 매개체로 연결되어 있다.

그리고 이 5차원의 존재의 궁극적인 목표는 현실에 존재하는 내가 더 행복해지길 간절히 바라고 있다. 왜냐면 '나'라는 5차원의 존재는 나를 너무나도 사랑하기 때문이다.

그리고 우리 인간은 관계를 통해 서로 협력하며 삶을 살아간다. 그리고 인간이 서로 협력하는 궁극적인 이유는 바로 '행복'하기 위해서다. 그렇기에 우리 인간은 관계 안에서 서로 이런저런 감정을 나누며 살아가게 되고 이렇게 관계 안에서 순환되는 감정은 또 나의 5차원의 존재에게 고스란히 전해진다. 왜냐면 5차원의 존재는 현실 속의 '나'와 감정을 통해 매 순간 소통하며 끈끈하게 연결되어 있기 때문이다.

그렇기에 만약 현실 속의 내가 더 행복할 수 있도록 나를 돕는 존재에게 나의 5차원의 존재는 그만큼 감사함을 느낄 것이다. 그리고 나의 5차원의 존재가 그 사람에게 감사함을 느낀 만큼 또다시 그 사람에게 그만큼 보답하고자 움직인다.

이러한 이치를 이렇게 자세히 설명한 이유는 두 번째로 전하고자 하는 메시지가 가리키는 방향이 바로 5차원의 존재 자체이기 때문이다.

상대가 원하는 것을 줄 수 있는 사람이 되라는 첫 번째 메시지에 이어 조금 더 본질적으로 놓고 보자면 상대방의 5차원의 존재가 원하는 것을 들어줄 수 있는 기버가 되라는 것이다.

그리고 모든 5차원의 존재가 궁극적으로 바라는 한 가지는 바로 현실 속의 내가 행복해지길 바란다는 것이다.

즉 상대방의 5차원의 존재가 그토록 간절히 바라는 이 한 가지를 여러분이 들어줄 수 있다면 그 고차원의 존재는 여러분에게 감사함을 느끼고 여러분이 또 그만큼 행복해질 수 있을 가치를 전하고자 움직이게 될 것이다.

그로 인해 여러분의 삶은 더욱 행복으로 물들게 되는 것이다.

(나는 성공학에서 말하는 기버가 부의 정점과 가장 마지막에 순위에 있는 것 역시 이와 같은 이치라고 생각한다. 그리고 부의 최고 순위와 최하위 순위 모두를 달성하는 이유는 바로 기버가 되고자 하는 그 사람이 추구하는 가치에 따라 나뉘게 된다고 생각한다. 이 책에서는 관계에 대한 내용을 다루고 있으니 이에 대한 자세한 내용은 여기서 생략하도록 하겠다.)

여러분이 꿈꾸는 그 행복한 가정을 이루기 위해서는 반드시 기버가 되어야 한다.

상대방이 원하는 것을 제대로 줄 수 있는 존재가 먼저 되자. 그래야 상대방이 행복할 수 있는 구체적인 방법 역시 보이게 될 것이다. 그렇게 상대방이 더 행복할 수 있도록 여러분이 기버의 역할을 자처할 때 비로소 여러분이 더 행복할 수 있을 관계가 완성될 것이다.

그것이 5차원 연애를 완성하는 마지막 퍼즐 조각이다.

20.

우리는 지금까지 이 차원의 이해를 통해 내 안에 있는 '가능성'을 깨웠다.

5차원의 연애는 내가 꿈꾸는 행복한 가정, 행복한 관계, 행복한 연애의 '완성형의 모습'을 가리킨다. 그리고 5차원이란 '무한한 가능성'으로 채워진 세계를 뜻한다고 메시지를 전했다.

내가 처음 이 차원의 세계에 대해 이해했을 때 한 가지 착각하고 있었다. '고차원'이라고 하는 단어에 집착했던 것 같고 고차원의 존재를 이해하는 것이야말로 인생을 깨닫는 길이라고 착각했다. 그러니까 고차원이란 상대적으로 낮은 차원에 있는 존재보다 어쩌면 더 전지전능한 존재라고 생각했던 것 같기도 하다.

그러나 어느 날 찾아온 깨달음으로 인해 나의 이러한 편견이 큰 착각이었음을 깨닫게 되었다.

계속 강조했듯이 모든 차원은 평등하며 서로가 '영혼'이라는 매개체로 긴밀하게 연결되어 있다고 했다. 그리고 이것을 거듭 생각하면서 문득 한 가지 의문이 들었다.

3차원의 공간, 2차원의 면, 1차원의 선. 그렇게 점점 차원이 낮아지면서 결국 마지막 0차원의 세계로 접어들게 되고, 0차원의 세계란 아마도 '점'의 세계로 이루어진 형태로 존재할 것이다.

그렇다면 0차원에 존재하는 점이라는 차원을 우리는 어떻게 해석해야 할까?

아마도 0차원의 세계에 존재하는 모든 것은 하나의 '점'으로 모여 있을 것이다. 그리고 점 하나가 세계가 되는 0차원의 존재는 어쩌면 하나이자 전체, 전체이자 하나의 진리를 완성하는 유일한 존재가 될 것이다.

우리는 그 세계에 존재하는 0차원의 존재를 어떻게 해석해야 할까?

처음 이러한 깨달음이 찾아왔을 땐 우주의 시초라고 하는 '빅뱅 이론'이 곧바로 떠올랐다. (사전적 정의에 따르면 빅뱅 이론이란 태초에 한 점에 모여 있었던 에너지가 대폭발을 일으켜 우주를 형성했을 것이라는 이론이다.)

우주의 시초라 불리는 빅뱅 이론처럼 0차원의 세계는 '점'의 형태로 이루어진 세계이다. 그리고 그곳에 존재하는 모든 것은 한 점에 모여 있다.

또 각 차원의 세계는 우리의 영혼이 매개체가 되어 서로 긴밀하게 연결되어 있다고 했고 모든 차원의 세계는 그 자체로 평등하다고 했다. 그리고 이렇게 평등하게 연결된 차원을 통해 우리 모두는 하나의 개별적인 존재이자 모든 것을 이루는 하나의 존재가 된다.

그리고 우리는 감정을 서로 주고받으며 소통한다. 각각의 개인과도 마찬가지고, 각 차원의 세계에 존재자와도 모두 마찬가지다.

깨달음이 여기까지 도달한 순간 나는 우리 모두가 서로 긴밀하게 연결되어 있다는 이 말의 의미를 본질적으로 깨닫게 되었고 깊이 공감하게 되었다. 흔히 '카르마'라고 하는 개념도 이러한 깨달음을 통해 설명이 가능하다.

예를 들어 내가 누군가에게 100이라는 깨달음을 주었다고 가정한다면 그 깨달음의 깊이만큼 나 역시 100만큼의 깨달음을 또다시 받게 된다. 어떠한 형태로든 말이다.

왜냐면 나로 인해 100만큼의 깨달음을 받게 된 누군가는 분명 나에게 감사함을 느낄 것이고 그 100이라는 깨달음을 토대로 사회 전체와 소통하면서 그 가치를 또 세상에 전할 것이다.

그렇게 단순히 내가 전해준 100이라는 깨달음이 0차원의 세계인 '점의 세계'로 전해져 우리라는 공동체에 그렇게 저장된다. 그리고 0차원에 존재하는 자는 그렇게 감사함을 공유받은 만큼 또다시 나에게 100만큼을 보답하고자 움직이게 된다.

따라서 내가 전한 100이라는 깨달음을 상대방이(3차원의 존재) 외면한다고 하더라도(때로는 나를 배신한다고 하더라도) 상대방의 5차원의 존재는 현실 속 나의 그 행동에 미안함을 느끼며 어떻게든 그와 동등한 100이라는 깨달음을 내게 다시 전하고자 움직일 것이다.

그것이 '운'의 형태로 다가올 수도 있고 직접적인 보상으로 다가올 수도 있다. 또한 시기가 조금 더 멀리 있을 수도 있고 지금 당장 보상받을 수도 있다.

그렇기에 내가 전한 선행은 반드시 카르마가 되어 어떤 형태로든 또다시 내게 돌아오게 된다.

이 사실을 이해하니 타인을 도울 수 있는 마음이 자발적으로 생겨나기 시작했다. 그리고 그 마음을 중심으로 타인에게 '사랑'을 전하고자 하는 사명을 품고 삶을 살아가게 되니 그 사랑이 또다시 나에게 다가와 내 삶을 사랑으로 물들이기 시작했다.

결과적으로 내 삶은 점점 더 사랑이 가득 찬 상황으로 물들게 되었다.

(흔히 선행을 베풀면 내 기분이 좋아진다는 이유 역시 이것으로 설명 가능하다.)

즉 0차원의 세계를 이해한다는 것은 타인과 내가, 그리고 사물과 내가, 그 밖에 세상의 모든 것과 내가 하나로 연결되어 있음을 자각한다는 것과 같은 이치다. 그리고 이 0차원의 세계를 본질적으로 이해하기 위해서는 필연적으로 남자와 여자가 더 원활하게 소통할 수 있어야 한다.

흔히 남자는 양, 여자는 음이라고 한다. 음과 양이 합쳐져 비로소 1이 되는 이러한 이치.

우리는 남녀 관계에서 태어났고 남녀 관계를 끝으로 세상을 떠나게 된다. 즉 남녀 관계란 이 세상의 시작이자 끝이고 음과 양의 조합이며 이 음과 양이 온전히 순환될 수 있을 때 비로소 완전한 '5차원의 관계, 5차원의 연애, 5차원의 가정'을 완성시킬 수 있다.

그리고 완성이라는 본질적인 의미는 남녀 관계가 조화를 이룰 때 비로소 '1'을 완성할 수 있다는 의미를 가리킨다. 그리고 이렇게 완전한 1이 되었을 때 비로소 하나의 점에 도달할 수 있을 가능성을 얻게 되고 그렇게 점의 차원을 이해할 수 있을 때 세상은 돌고 돌아 결국 순환한다는 이 의미를 깊이 깨달을 수 있을 것이다.

어쩌면 '5차원 연애'를 완성하는 것은 이 0차원의 세계를 이해할 수 있을 실마리를 찾는 것과 같다는 생각이 들었다.

1 = 점.

이 이치를 깨달았을 때 비로소 타인을 진심으로 축복할 수 있게 되고 그 축복이 또다시 나에게 돌아와 내 주변의 관계를 다시 축복으로 물들이게 된다.

어쩌면 이게 궁극적으로 행복한 삶을 완성시키는 구체적인 방법이 아닐까 생각해보았다. 그렇기에 행복한 가정을 완성시킨다는 것은 궁극적으로 내 삶이 더 행복할 수 있을 가능성으로 접어들었음을 의미하는 것이 아닐까?

　나는 지금 이 책을 읽는 여러분 모두가 행복해졌으면 좋겠다. 그리고 그렇게 행복해진 여러분 모두가 또다시 주변을 행복으로 물들이는 존재가 되었으면 좋겠다.

　지금 이것을 읽으며 가슴이 뛰는 사람이 있다면 그것은 분명 여러분의 영혼이 이와 같은 메시지에 반응한 것이고 그것을 깊이 원한다는 강력한 증거이다.

　그 길로 나아가라. 가슴이 뛰는 감정이야말로 여러분의 5차원의 존재가 여러분에게 전하고자 하는 궁극적인 메시지이니까 말이다.

21.

고양이 설희는 더 이상 강아지 루카와 함께 산책하러 나가지 않았다. 하지만 그럼에도 설희는 불안하지 않았다. 왜냐면 설희는 루카가 산책해야 하는 이유를 알고 있었기 때문이다.

게다가 낯선 고양이가 루카에게 다가와도 설희는 더 이상 불안해하지 않았다. 조금 신경 쓰이긴 하지만 루카가 어련히 잘 대처해주리라 생각하기에 그저 믿어주는 것이 스스로의 역할이라고 생각했다.

산책을 다녀온 루카는 오히려 이전보다 더 설희 옆에 착 달라붙어 있었다. 그리고 계속해서 설희의 머리를 쓰다듬었다. 사실 설희는 조금은 귀찮아 보이긴 하지만 루카는 그런 설희의 모습마저 더 예뻐 보였다. 오히려 그렇게 시큰둥한 모습을 보일 때마다 루카는 더욱 격하게 설희에게 엉겨 붙었다.

그런 어느 날 설희는 말했다. **"요즘 산책 혼자 다니니까 좋아?"**

설희의 그 말에 루카는 답했다. **"아니~ 그럴 리가, 나는 너랑 함께였을 때가 제일 좋았어."**

루카의 답변에 설희는 혀를 차며 말했다. **"아니 그랬던 사람이 지친다고 생각할 시간을 갖자고 했나?"**

설희의 그 말에 오히려 루카는 더 당당히 말했다. **"그땐 내가 진짜 미안하지! 나도 왜 그랬는지 모르겠어. 그런데 진짜 너랑 함께 산책하러 갔을 때가 제일 좋았어. 나는 지금도 가끔 산책하다 보면 네가 내 옆에서 함께 걷는 것처럼 느껴질 때가 있어. 그럴 때면 항상 이런 생각이 들더라. 아 그때가 제일 행복했었구나. 나는 너랑 함께 있을 때가 제일 행복해. 너만 괜찮으면 가끔 같이 산책하러 나가고 싶은데 네가 싫어하니깐 그동안 말하지 못했어. 미안해."**

설희는 루카의 말에 잠시 생각을 이어가더니 이내 답했다.

"오늘 같이 산책이나 갈까? 오랜만에 나가고 싶네!"

루카는 놀라며 답했다. **"괜찮겠어?"**

그 말에 설희는 말했다. **"네가 있잖아."**

설희의 그 말에 루카는 가슴을 쫙 펴고 말했다.

"나만 믿어. 내가 지켜줄게."

5차원 연애를 넘어
0차원의 관계로

3차원, 흔히 우리가 살아가는 세계를 가리켜 3차원의 세계라 말한다. 그리고 이 3차원에 직선의 시간이 개입하면 그 자체로 4차원의 세계라 표현한다.

그리고 5차원. 5차원의 세계란 도대체 무엇일까? 어쩌면 5차원 이상 고차원으로 갈수록 우리 시간의 형태는 직선의 형태가 아닐지도 모르겠다. 또 앞으로 또는 뒤로, 직선으로 움직이는 이러한 개념도 아닐지 모르겠다.

영화 〈인터스텔라〉에서 표현했던 고차원의 공간처럼 하나의 공간 안에 모든 정보가 압축되어 있는 형태일 수 있고 그 안에서는 과거, 현재, 미래의 모든 데이터가 공존하고 있을 수 있다.

5차원의 연애를 완성하는 방법은 1차적으로 고정관념을 깨는 것부터 시작이다. 그리고 이 가능성에 하나의 '점'을 찍는 것부터 우리의 삶은 변화될 수 있다.

여러분은 지금, 이 순간 이 책을 읽고 있다. 분명 여러분은 이 책을 읽기 희망했기 때문에 이 책을 읽고 있는 것이다. 너무나도 당연한 사실이라 이렇게 콕 집어서 말하는 것조차 웃기지만 분명 그러할 것이다.

그런데 '가능성'만 놓고 보자면 여러분은 지금, 이 순간 저기 태국을 여행하며 마사지를 받을 수도 있었고 사우나에 가서 몸을 녹이며 피로를 풀고 있었을 수도 있다. 어쩌면 내 연인과 행복한 데이트를 이어가고 있었을 수 있고 부모님과 식사하며 잔소리를 듣고 있었을 수도 있다.

하지만 여러분은 이 책을 읽고 있다. 그것은 5차원의 가능성 중 여러분이 책을 읽겠다는 '선택'을 했기 때문에 가능했던 일이다. 그리고 조금 더 본질적으로 보자면 여러분의 관계가 더 행복해졌으면 좋겠다는 생각이 시초였을 수 있다.

5차원의 '나'라는 존재는 우리의 바람을 적극적으로 수용한다. 왜냐면 '나'라는 존재는 '나를' 너무 사랑하기 때문에 그렇다.

다시 한번 정리해보면 여러분이 지금 이 책을 읽고 있는 이유는 여러분이 진심으로 원했기 때문이다. 내가 더 행복할 수 있는 연애, 내가 행복할 수 있는 관계, 내가 더 행복할 수 있는 가정을 만들고 싶다는 목표를 세웠기 때문에 여러분의 5차원의 존재는 지금, 이 순간 이 '5차원 연애'라는 책을 읽도록 여러분을 이끈 것이다. 그리고 이 책을 통해 여러분이 어떠한 깨달음을 얻길 희망하면서 친히 여러분을 이 순간까지 이끈 것이다.

그리고 이는 분명 여러분이 5차원의 어딘가에 점 하나를 찍어 놓았기에 가능했던 일이다. 그러니까 미래의 내 모습이 더 행복할 수 있도록, 행복한 가정에서 내가 더 웃고 있을 수 있도록 직접 '시각화'하여 점 찍어 놓았기 때문에 5차원의 존재는 반응한 것이다.

지금 이 책을 읽는 동안 어떠한 생각들이 스쳐 지나갔을 수 있다. 그 생각들은 5차원의 존재가 지금 내게 주는 '깨달음'이 분명하다. 그것들을 가슴 속에 깊이 새기며 다음 여러분의 행보에 점 하나를 찍어보길 바란다.

분명 5차원의 '나'라는 존재는 친히 그곳까지 여러분을 인도해줄 것이다.

자, 그렇다면 여기서 한 가지, 의문이 들 수 있다.

5차원의 '나'라는 존재가 구체적으로 대체 무엇이란 말인가? 책에서도 자세히 언급하긴 했지만, 여전히 갈피를 잡지 못하는 누군가는 분명 이러한 의문이 들 수 있다. 그리고 나 역시 이러한 의문을 품었던 순간도 분명 있었다. 그리고 그로부터 1년 뒤, 나는 이 존재를 이해할 만한 단서 한 가지를 찾아낼 수 있었다. '욕망'

욕망이라는 감정은 5차원 세계에 점 하나를 찍을 원동력을 심어준다. 그리고 0차원이라는 전체가 반응할 수 있을 강한 에너지가 되어주기도 한다.

항상 고차원적인 사고라고 생각하기에 나는 한 가지 편견에 사로잡혀 있었다. 더 고차원으로 갈수록 더 고차원적인 사고라는 고정관념 말이다. 하지만 차원의 고저에 상관없이 모두 평등한 진리를 담은 세계라는 사실을 어느 날 깨닫게 되었다.

3차원의 현실 세계. 여기서 더 고차원으로 갈수록 복잡해지고 심오해지며 '신'의 존재에 더 가까이 다가갈 수 있을 것이라 생각했지만 그것은 내 착각이었다.

오히려 모든 차원은 '평등하다'는 것을 깨닫자 3차원 이하의 차원에 관심이 가기 시작했다.

3차원을 만드는 '면'의 세계 2차원, 그리고 그런 2차원을 만드는 '선'의 세계 1차원.

그리고…. 그런 선을 만드는 '점'의 세계 0차원.

즉 0차원부터 5차원까지, 아니 5차원 그 이상의 더 고차원의 세계까지…. 이 모든 세계는 평등하다.

그렇다면 0차원의 세계, '점'으로 구성된 그 0차원에 사는 존재를 우리는 어떻게 받아들여야 할까? 이것에 대한 질문을 끝으로 나는 이러한 답을 내리게 되었다.

하나는 전체, 전체는 하나의 진리가 가리키는 그 0차원의 존재는 다름 아닌 '나' 자신이다.

나는 이러한 깨달음 끝에 결국 '남녀 관계'란 5차원의 인연으로 시작해 0차원의 깨달음을 얻는 과정이라고 정의 내렸다. 그리고 0차원의 깨달음 이란 남자와 여자, 두 사람이 모여 결국 '하나'의 완전함을 완성한다는 이 깨달음을 얻게 된 것이다.

이 가능성에 대해 여러분도 깨닫게 된다면 여러분의 관계는 더욱 행복 한 형태가 될 수밖에 없을 것이다. 분명 여러분이 바라는 그 이상적인 모습보다도 오히려 더 행복한 형태가 될 것이다. 마음껏 기대해 보아도 좋다.

이 책은 여러분에게 그 깨달음까지 길을 인도해줄 수 있는 관계의 교과서이다. 반드시 이 책을 통해 5차원 연애를 완성하길 바란다. 그리고 0차원의 완전함을 얻길 바란다.

그때 여러분의 관계는 더욱 행복한 형태가 되어 있을 테니 말이다.